스타벅스로 간 은둔형 외톨이

세상과의 소통을 갈구하는 23명의 이야기

스타벅스로 간 은둔형 외톨이

이소베 우시오 지음 | 이성동 옮김

대숲바람

은둔형 외톨이와 가슴 깊이 공감하는 길

갓 태어난 아이는 엄마와의 상호작용을 통해 자신을 발견한다. 엄마가 주는 적절하고 풍부한 자극은 아이의 뇌발달을 촉진한다. 안정된 가족 환경은 아이의 감성을 폭넓고 깊게 만든다.

아이가 유치원에 들어가게 되면 가족 외의 또 다른 사람들이 만들어내는 새로운 세계를 경험하게 된다. 또래와의 긴밀한 상호작용을 통해 사회를 경험하게 되고, 사회를 유지시켜주는 규칙에 대해 배우게 된다. 함께하는 놀이는 한 수준 높은 유희를 경험하게 해준다. 협동이라는 새롭고 흥미로운 과정을 경험하면서 혼자서 할 수 없는 일들을 더 쉽고 더 훌륭히 수행할 수 있음을 배우게 된다.

만약 우리가 '사회적 동물'로서의 즐거움과 유익을 충분히 누리지 못한다면, 우리의 삶은 반쪽밖에 되지 않을 것이다. 저자는 우리 주위에서 흔히 만날 수 있는 외톨이들의 다양한 이야기들을 조근조근 들려준다. 그들의 피할 수 없었던 속사정과 안타까운 내막들을 소개해준다. 더불어 그들을 대하고 있는 우리들의 모습도 맑은 거울처럼 비춰준다. 그 거울 안에는 약자인 그들을 끊임없이 외면하고 있는 우리들의 비겁함이 드러나 있다. 역시 그들의 문제는 우리들의 문제에 닻을 내리고 있었고, 그들이 일어서기 위해서는 우리의 용기 있는 커밍아웃이 필요하다.

저자는 동시에 외톨이 자신의 노력이 무엇보다 중요하다고 말한다. 자신의 삶은 자신의 책임이기에 자신의 문제를 극복하려고 스스로 노력해야 함은 당연하다. 동시에 적극적인 태도로 주위 사람들의 도움을 청할 것을 강조한다. 쉽게 접근할 수 있는 전화, 인터넷, 지역사회 자원들에 대한 구체적인 팁도 소개되어 있다.

가족은 우리 삶의 기반이면서 동시에 문제 해결을 위한 핵심 자원이다. 한 명이 아프면 가족 모두가 앓게 되고, 한 명이 침대에서 일어나면 가족 모두가 새 삶을 얻게 되는 법이다. 우리 가족 중 누군가가 외로움에 빠져 있을 때 다른 가족들은 어떻게 해야 하는가? 저자는 어머니로서 아버지로서 형제와 자매로서 외톨이들을 어떻게 이해하고 도와줘야 하는지를 제시한다. 서로가 서로를 좀먹고 더 깊은 나락으로 떨어뜨리는 상호 투사와 폭력을 버리고,

가슴 깊은 곳에서 기인하는 받아들임이 필요하다고 말한다.

　우리 사회에 혼자 외로워하는 아이와 청소년이 점점 줄어들기 위해서는 저자의 말처럼 우리 모두는 희망을 잃지 말아야 한다. 지금 우리가 있는 곳에서 외톨이 자신과 우리 사회가 갖고 있는 가능한 모든 가능성과 잠재력을 모색해야 한다. 희망을 잃어버리면 쉽게 낙심하고 포기하게 되지만, 그렇지 않다면 반드시 올 것이다. 고립되어 있는 아이들이 우리의 품 속으로 나아오고, 우리가 그들의 외로움 속으로 뚜벅뚜벅 내딛는 건강한 세상이…

2009년 11월 10일

유한익 (서울아산병원 소아청소년 정신과 과장)

제1장 ─ 은둔형 외톨이란 무엇인가

제2장 ─ 은둔형 외톨이의 증상과 경과

제3장—은둔형 외톨이의 사회적 배경

제4장—은둔형 외톨이는 당장 무엇을 해야 하나

제5장 — 가족은 어떻게 대응을 해야만 하는가

무더운 여름날, 저는 이 책의 진행과 관련하여 편집자와 몇 가지 의논을 하기 위해 그를 방문했습니다. 편집자와 이런저런 이야기를 나누던 중, 중년의 위기에 대한 이야기를 그로부터 듣게 되었습니다. '이전에는 지금의 생활이 아무리 힘들어도 내일은 오늘보다 틀림없이 나을 것이라는 희망을 갖고 살았다. 그러나 지금의 일본은 아무리 생각해도 그런 것 같지 않다. 오히려 내일은 더 나빠질 것만 같은 생각이 든다. 우리 세대야 언제 죽어도 상관없다고 하겠지만, 내일의 희망이 없는 삶은 너무 힘들다' 하는 내용의 이야기였습니다. 이런 이야기는 너무나 흥미로운 것이었습니다. 요즘 청년들도 '내일은 오늘보다 별로 나아질 희망이 없을 것'이라고 생각하기 때문에, 사회에 나가는 의미를 찾지 못하고 은둔하고 있는 게 아닌가 하는 생각이 들었습니다.

물론 이것만이 은둔하는 이유라고는 생각하지 않습니다. 그러나 '은둔하는 의미'를 생각해보는 것은 아주 중요합니다. 그 의미를 전부 이해하는 것은 무척 어렵겠지만, 공감하는 정도는 가능하리라 봅니다. 그러면 은둔으로 고민하는 그들의 괴로움도 다소나마 줄어들고, 그들이 놓여 있는 현재 상황도 조금은 개선되지 않을까 싶습니다. 이 책에서는 '은둔하는 의미'를 탐색해보려고 합니다.

은둔형 외톨이 현황

최근 후생노동성의 발표에 의하면 집에서 은둔하면서 학교를 가지 않거나, 일을 하지 않는 '은둔형 외톨이'의 면담 건수가 연간 6,000건을 넘는다고 합니다. 물론 이것은 공공기관인 전국의 보건소에서 이루어진 면담 건수까지 포함한 숫자입니다. 그 가운데 21세 이상이 전체의 60퍼센트 정도를 차지하고, 5년 이상 은둔하고 있는 경우도 25퍼센트 정도가 됩니다. 이 통계 수치를 보면 매우 심각한 상황임을 알 수 있습니다.

그러나 실제로는 이보다 훨씬 많은 사람들이 은둔형 외톨이로 고민하고 있다고 생각합니다. 왜냐하면 제가 운영하는 병원에도 은둔형 외톨이의 주요 증상을 보여 내원하는 환자와 가족 면담이 급증하고 있기 때문입니다.

후생노동성에서는 은둔형 외톨이에 대한 대책으로 은둔형 외톨이 대응 가이드라인을 각 지방자치단체에 배포했습니다. 그러나 이 가이드라인은 임기응변식의 대책만을 나열하고 있어 실제로는 별 도움을 주지 못하고 있습니다. 게다가 은둔형 외톨이를 제대로 이해하고 있지 못한 인상마저 줍니다. 다시 말하면, 은둔형 외톨이로 살아가고 있는 당사자가 무엇을 고민하고 있는지도, 또 은둔형 외톨이가 자신의 은둔으로 무엇을 표현하고자 하는지도 전혀 이해하지 못하고 있습니다.

게다가 은둔형 외톨이라는 단어가 너무 마음대로 남용되고 있는 점도 지적하지 않을 수 없습니다. 현재 일본에서는 은둔형 외톨이가 하나의 사회 현상이 돼버린 것은 사실입니다. 그러나 그렇다고 해도 좀 지나치다고 생각됩니다. 조금이라도 집에 틀어박혀 있거나 회사를 가지 않거나 하면, 본인이나 가족들이 은둔형 외톨이라고 진단을 내리기도 합니다. 또한 정신분열병이나 우울증 때문에 '집 밖으로 나가지 않는' 상태임에도 불구하고, 그냥 은둔형 외톨이라고 지레짐작하여 치료가 늦어지는 경우도 종종 볼 수 있습니다.

따라서 이 책에서는 먼저 은둔형 외톨이의 개념을 정확하면서도 알기 쉽게 정의를 내려보려고 합니다.

은둔형 외톨이는 사치병인가

은둔형 외톨이가 일종의 유행이 된 감이 있지만, 그 정확한 실상은 완전히 이해되지 못한 상태입니다. 다음과 같은 예를 보면 은둔형 외톨이를 얼마나 잘못 이해하고 있는지를 알 수 있습니다.

얼마전에 방영됐던 어떤 보도 프로그램의 은둔형 외톨이 특집에서, '은둔형 외톨이는 사치스럽다'는 취지의 발언을 들은 적이 있습니다. 이 발언을 듣고 저는 놀라움을 금치 못했습니다.

이것은 '등교 거부가 게으르기 때문'에 생기는 것이라고 여기는 것과 똑같습니다. 등교 거부는 게을러서 생기는 현상이 아닙니다. 은둔형 외톨이에 대한 이런 견해는 은둔형 외톨이로 괴로워하고 있는 사람에게 더욱더 심한 고통을 주는 것입니다. 소위 배운 사람들조차도 은둔형 외톨이에 대해 잘못된 인식을 갖고 있는 것을 보고 너무나 마음이 아팠습니다.

이것은 암 환자에게 "당신은 행실이 나쁘기 때문에 암에 걸린 것이야"라고 말하는 것과 같습니다. 일본인에게는 자신이 모르는 것을 모른다고 인정하고, 또한 이해할 수 없는 것은 이해할 수 없다고 인정하기보다는 배제해버리는 경향이 있습니다. 은둔형 외톨이에 대해서도 그런 경향을 볼 수 있습니다. 은둔형 외톨이를 무슨 특별한 집단으로 치부하고 편견을 갖고 보고 있는 것은 아닌가 하는 생각이 듭니다.

그런 편견은 매우 부당한 것이기 때문에 당연히 바로잡혀야 합니다. 저는 이 책이 그런 편견을 없애는 데 일조했으면 좋겠습니다.

은둔형 외톨이가 갈구하는 것

은둔형 외톨이는 일반적으로 '사회적 은둔형 외톨이' 또는 '비정신병성 은둔형 외톨이'라고 부르고 있습니다. '사회적 은둔형 외톨이'는 말 그대로 사회에서 물러나 집이나 자신만의 장소에 웅크리고 있는 것을 말합니다. 이것은 의식적이든 무의식적이든 간에 사회 참여를 거부하는 것을 의미합니다. 역사적으로 볼 때, 일본에서는 사회 참여를 거부하는 현상이 다양하게 존재했습니다. 그 역사적 변천을 살펴보면 다음과 같은 순서에 따라서 각 시대마다 사회적 문제였습니다. 또한 이런 문제들의 이면에는 자아 이상自我理想이라는 존재 방식이 개입되어 있었습니다.

1960년대는 대인공포증이 문제가 되었습니다. 대인공포증이 있는 사람은 이상적인 자아를 추구하는 경향이 있습니다. 그리하여 이상적인 자아와 현실적인 자아 사이의 간격을 메우지 못해 괴로워했습니다.

1970년대는 등교 거부라는 말이 등장했습니다. 등교 거부를 하는 사람들은 자신이 진정으로 하고 싶은 것을 어머니가 억압한다고 느꼈습니다. 그들은 억압당하는 자신과 자신이 꿈꾸는 이상 사이에서 견딜 수 없이 괴로워했습니다. 모든 것이 속박당하고 억압당한다고 느꼈던 것입니다.

1980년대는 퇴각신경증退却神經症 | 영어로는 student apathy라고 부른다 이라는 문제가 등장했습니다. 그들은 자신의 이상적인 자아가 손상당할까 봐 두려워서 제대로 된 직업을 갖지 못했습니다.

1990년대는 드디어 은둔형 외톨이라고 하는 사람들이 넘쳐나게 되었습니다. 은둔형 외톨이는 집에서 거의 나오는 법도 없고, 사회에서 완전히 물러나 있습니다. 그리고 심하게 현실과 유리된 자아 이상을 갖고 있습니다. 그들은 현대 사회의 우상화된 존재, 예를 들면 유명 배우, 작가, 스포츠 선수와 자신을 동일화합니다. 그래서 결코 자신이 도달할 수 없는 현실과 동떨어진 자아 이상을 갖고 있는 경우가 많습니다. 저는 이 책에서 은둔형 외톨이들이 어째서 현실과 동떨어진 자아 이상을 마음속에 품게 되었는지 등에 대해 명확하게 밝힐 생각입니다.

은둔형 외톨이와 등교 거부는 어떤 차이가 있는지를 살펴보겠습니다.

등교 거부와 은둔형 외톨이는 언뜻 매우 비슷하게 보입니다. 그러나 이 두 현상은 자세히 비교해서 들여다보면 그 양상이 상당히 다릅니다. 제가 이렇게 자신 있게 말할 수 있는 이유는 저 자신이 등교 거부를 했던 경험이 있기 때문입니다.

중학교 시절 저는 매일 두통을 앓았습니다. 그때마다 양호실에 갔습니다. 그 당시 저는 학교에 가기만 하면 왜 머리가 아픈지 그 이유를 몰랐습니다. 학교를 가지 않는 날은 두통이 완전히 사라졌습니다. 고교 시절엔 2학년 2학기 때부터 등교하는 것이 무척 고통스럽게 여겨졌습니다. 그래서 특히 오전 수업을 종종 빼먹었습니다. 3학년이 돼서는 2학년 때보다 수업을 빼먹는 횟수가 더 많아졌습니다. 어떤 과목은 졸업하는 데 필요한 출석 일수가 아슬아슬할 정도였습니다. 어떻게 해서 무사히 졸업은 했지만, 대입 시험은 당연히 실패했습니다. 다음해 재수를 해서 의학부에 입학했습니다. 그후 의사가 되어 현재에 이르고 있습니다.

지금은 정신과 의사로 일하고 있습니다. 종종 중·고교 시절의 학교생활을 돌이켜보면, 이것도 안 된다, 저것도 안 된다는 식의 규범이 계속 반복되는 학교가 정말 싫었습니다. 그 당시 제가 그렇게까지 모든 것을 의식해서 병이 난 것은 아니지만, 학교라는 제도에 '구속당하고 있다', 무엇인가에 '속박당하고 있다'는 느낌을 견딜 수 없어했던 것은 사실입니다.

그로 인해 두통이 생겼고, 결국은 등교 거부에 이르게 되었다고 생각합니다. 저는 학교를 가지 않는 시간에 여러 가지를 생각했습니다. 매일 '나는 무엇 때문에 태어났는가, 살아가는 의미가 무엇인가'라는 고민을 했습니다. 소위 청소년기에 겪는 인생 고민들을 했던 것입니다. 때로는 이렇게 살아서는 안 되지 않나 싶어 초조해하기도 했습니다.

그러나 요즘 학생들이 겪는 등교 거부는 저의 경우와는 상당히 다른 것 같습니다. 물론 저처럼 청소년기의 고민을 하는 등교 거부가 없는 것은 아닙니다. 그러나 소위 '웃으면서 하는 등교 거부'도 많다는 것을 알 수 있습니다. 물론 이런 경우 역시 '속박당하는 것'에 대한 일종의 저항일 수도 있습니다.

지금 정신과 의사로 일하고 있는 저 역시 조직의 일원으로서 속박감을 느낍니다. 그렇지만 그 속박감은 어디까지나 '자기 책임'하에 스스로 자신에게 활력을 불어넣고 있다는 점에서 이전의 속박감과는 전혀 다른 느낌을 받고 있습니다. 지금은 중·고교 시절의 무의미한 속박에서 해방되어, 정신적으로 매우 즐겁게 일하고 있습니다.

어린 시절부터 어른들에게 종종 들었던 말이 있습니다. "학창 시절만큼 자기가 하고 싶은 것을 마음껏 할 수 있을 때도 없지. 학생 때가 정말로 좋은 때야. 어른이 되면 그렇게 할 수 없어"라는 말입니다. 그러나 제 경우에는 그렇지 않았습니다. 지금도 확신하지만, 학창 시절의 '속박'이야말로 제겐 무거운 짐이었습니다.

현재 저는 많은 은둔형 외톨이들과 만나고 있습니다. 그들도 '속박'되는 것에 대한 불안이 있습니다. 그러나 속박감이 전부는 아닙니다. 어떻게 보면 이유가 없는 경우가 더 많습니다. 그들은 학교를 졸업하고 난 후에 특별한 이유도 없이 은둔형 외톨이가 돼버립니다. 그들에게 '속박에서 해방된다는 것'은 '사회로 진출'하는 것과는 아무런 관계가 없습니다. 그들이 의식하고 있을지는 모르겠습니다만, 제가 생각하는 바로는 그들은 이상적인 '자기 실현'이 달성되지 않았다고 봅니다. 이것이 은둔형 외톨이가 된 이유 중의 하나라고 생각합니다. 그러나 그들을 만나면서 정말로 어려운 점은 그들이 사회에서 갑자기 은둔해버리는 이유가 진짜 무엇인지 때로는 이해할 수 없는 경우가 상당히 많다는 것입니다. 등교 거부를 했던 경험이 있는 저로서도 말입니다.

은둔하는 의미

일반적으로 말하면 등교 거부와 은둔형 외톨이의 치료 목표는 그들을 학교에 등교시키고 사회로 복귀시키는 데 있습니다. 그런데 등교 거부와 은둔형 외톨이를 부정적으로 다루는 경향이 있습니다. 그러나 저는 이 책에서 그 문제를 다른 관점에서 다루려고 합니다.

제가 주장하고 싶은 것은 이렇습니다. 그들은 분명히 은둔하고 있지만, 은둔형 외톨이의 시기를 일종의 '참고 기다림의 시기'로서 긍정적으로 다루어야 한다는 점입니다. 결국 이 시간을 낭비로 보거나, 쓸데없는 짓을 하는 시간으로 보지 말아야 한다는 것입니다. 이런 관점은 등교 거부와 은둔형 외톨이의 원칙적인 대응책으로서 '초조해서는 안 된다'는 입장입니다. 이렇게 해야만 결국은 '집에서 나오는' 최종 목적을 달성할 수 있습니다.

왜 초조해해서는 안 되는지, 좀더 빨리 집에서 나오게 할 수 있는 방법은 없는지, 은둔 생활이 결과적으로 이롭다고 주장하는 것은 무슨 의미인지 등 제기해봐야 할 문제들이 많습니다. 하지만 아직은 이런 점들에 대해 본격적인 논의가 이루어지지 못하고 있는 실정입니다. 그래서 저는 이런 점들을 자세하게 다뤄보려고 합니다.

등교 거부를 하는 일부 중·고교 학생들은 왜 자신이 태어났으며, 무엇 때문에 살아야 하는지 같은 사춘기 때 흔히들 겪는 문제들 가운데 하나로 인해 고민하게 되는데, 이런 고민이 발전되어 결국 왜 학교에 가야 하고, 가지 않으면 안 되는지 하는 문제와 직면하게 됩니다.

왜 학교에 가야 하는가라는 문제는 사실 어려운 문제입니다. 우리는 모두 학교에 가야 한다는 것을 당연하게 받아들이지만, 정말로 이 문제를 깊이 파고들면 대답을 쉽게 할 수 없습니다. 대부분의 학생들은 등교해야 하기 때문에 등교합니다. 따라서 누구나 등교 거부를 할 수 있지만, 실제로 등교 거부를 하는 학생은 소수입니다.

그러나 모두 다 그렇게 하고 있으니까 그렇게 하라는 식으로 설득하는 것은 힘이 없습니다. 또한 학생 때 열심히 공부해야 어른이 돼서 도움이 된다는 식의 설명도 이제는 별로 힘을 얻지 못하는 현실이 돼버렸습니다. 실제로 책상에서 하는 공부가 그렇게 도움이 되는지도 알 수 없습니다. 그리고 좋은 대학에 들어가야 출세한다는 것도 정확한 설명이라고 할 수 없습니다. 일본은 이제 일반적으로 생각하는 것처럼 학력 사회가 아니기 때문입니다.

만약 누군가가 저에게 '무엇 때문에 학교를 다녀야 합니까'라고 묻는다면, 현재 일본의 현실을 감안하여 이렇게 대답하고 싶습니다. 학교는 하나의 통과의례를 치르는 장소입니다. 그런 통과의례를 치르면서 다양한 대인 관계를 경험할 수 있는 장소가 바로 학교입니다. 그러므로 학교라는 과정을 무난하게 끝마치게 되면 앞으로의 대인 관계를 형성하는 데 큰 도움을 받을 수 있습니다. 현재 일본에서는 학교를 대신해서 대인 관계를 미리 경험해볼 수 있는 장소가 따로 없습니다. 학교가 그런 경험을 가장 손쉽게 할 수 있는 장소이며, 통과의례를 치르는 곳이기도 합니다.

통과의례는 미개 민족의 아이들도 성인이 되는 하나의 의식으로 치릅니다. 번지점프를 하거나 코를 뚫는 것이 그런 예입니다. 이런 의식은 행위 자체에 그 의미가 있는 것이 아닙니다. 민족 구성원들과 함께 공유하면서 어른이 되기 위해 겪어야 하는 하나의 과정이라는 점에서 중요한 의미를 지닙니다.

그러나 은둔형 외톨이는 그런 의미의 통과의례를 별로 중요하게 여기지 않는 것 같습니다. 제가 보기엔, 그러면서도 그들은 자기 자신을 상당히 높게 평가하는 경우가 많고, 엉뚱할 정도로 과장된 자아상을 갖고 있습니다. 그들이 사회로 나가는 목적은 나카타 히데토시中田英壽나 하마사키浜崎 같은 유명 스포츠 선수 혹은 연예인, 위대한 작가가 되는 것처럼 화려합니다. 단순히 일개 사회인으로 지내는 것은 의미가 없다고 생각합니다. 그들이 생각하는 것은 '사회로 나가는 것'이 아니라, '사회로 화려하게 등장하는 것'입니다. 그들은 이렇게 과장된 자기 중심적인 면을 지니고 있습니다. 그러면서도 한편으론 상처받는 것을 매우 두려워하기도 합니다.

등교 거부든 은둔형 외톨이든 간에 공통적으로 대인공포증을 갖고 있습니다. 그리고 그들에게 '집에 있는' 시기는 어쩌면 과장된 자기 평가와 현실과의 괴리를 메우는 시기일지도 모릅니다.

등교 거부를 하는 사람에게는 학교에 꼭 가야만 하는가 하는 물음이 자기 자신의 자아를 확립해가는 문제와 연결되어 있습니다. 또한 자신은 어떤 존재인가라는 근원적인 정체성 물음이 놓여 있습니다. 그런 반면에 은둔형 외톨이에게는 '왜 내가 사회로 나가지 않으면 안 되는가'라는 식의 자기 정체성에 대한 문제의식 이전의 고민이 있습니다. 이런 점이 등교 거부와는 달리 은둔형 외톨이에게서만 볼 수 있는 독특한 특징입니다. 그들은 자신들이 왜 이런 지경으로까지 이르게 되었는지, 또한 앞으로 이런 상태를 벗어나기 위해 어떻게 해야 하는지, 자신들도 도무지 알 수 없다고 호소합니다. 게다가 그들은 현실과 동떨어진 과장된 자아 이상을 말하기도 합니다. 그런가 하면 이와는 반대로 살아가는 것에 대해 어떤 가치도 찾을 수 없다고 허무감을 호소하기도 합니다.

등교 거부는 적극적인 삶을 위한 하나의 모색 과정이라고 볼 수도 있습니다. 그러나 은둔형 외톨이의 은둔은 삶에 대한 모색이라고 보기가 어렵습니다. 어쩌면 은둔형 외톨이는 일본처럼 기본적인 의식주가 해결된 사회에서 먹고 살아야 한다는 절박한 본능이 약화된 데서 생겨난 것인지도 모르겠습니다.

앞으로 이 책에서는 지금까지 별로 언급되지 않았던 '은둔하는 의미'에 대해서 중점적으로 다뤄볼 생각입니다. 그런 다음 은둔형 외톨이의 정의, 증상과 경과, 사회적 배경, 본인의 역할, 가족의 대응, 의료 기관의 이용, 가능성의 모색 등에 대해 순차적으로 서술하려고 합니다. 이 책에서 제가 가장 말하고 싶은 결론은 은둔형 외톨이에게도 커다란 가능성이 있다는 것입니다.

제 1 장

은둔형 외톨이란 무엇인가

정신의학계에서는 은둔형 외톨이를 사회적 은둔형 외톨이 또는 비정신병적 은둔형 외톨이라고 부르고 있습니다. 이 용어들은 둘다 은둔형 외톨이를 단적으로 잘 표현해주고 있습니다. 즉 사회적 은둔형 외톨이는 사회로부터 물러나서 은둔해 있다는 의미이고, 비정신병적 은둔형 외톨이는 정신병은 아닌 은둔형 외톨이라는 의미입니다.

은둔형 외톨이는 어떤 것인가 

은둔형 외톨이라는 말은 현재 일종의 유행어가 되어 있을 정도로 일반적으로 사용되고 있는 듯합니다. 그러나 실제로 광사원廣辭苑(일본의 국어사전을 말함-역주)을 찾아보면 '은둔형 외톨이'라는 단어는 없습니다. 단지 '은둔한다'는 단어만 있습니다. '은둔한다'의 뜻을 사전에서 찾아보면, 현실에서 물러나서 일정한 장소에 틀어박혀 있는 것이라고 설명되어 있습니다. 따라서 어떤 상태를 일컫는 의미로 사용되고 있다는 것을 알 수 있습니다. 사전에도 등재되어 있지 않는 말이 시민권을 얻어 혼자 활보하고 있는 셈입니다.

그래서 우선 은둔형 외톨이라는 말을 정확하게 정의해서 은둔형 외톨이에 대한 공통적인 인식을 갖는 것이 중요하다고 생각합니다.

정신의학계에서는 은둔형 외톨이를 사회적 은둔형 외톨이 또는 비정신병적 은둔형 외톨이라고 부르고 있습니다. 이 용어들은 둘다 은둔형 외톨이를 단적으로 잘 표현해주고 있습니다. 즉 사회적 은둔형 외톨이는 사회로부터 물러나서 은둔해 있다는 의미이고, 비정신병적 은둔형 외톨이는 정신병은 아닌 은둔형 외톨이라는 의미입니다. 즉 은둔형 외톨이는 사회에서 은둔해 있지만, 정신병은 아닌 사람들을 지칭하는 것입니다.

앞에서 언급한 바와 같이 은둔형 외톨이라는 단어는 단지 단순하게 은둔하고 있는 상태만을 지칭하는 일반적인 용어로 사용되고 있는 것은 아닙니다. 한 개인이 자신의 집에 은둔하며 아무것도 하지 않고 살아간다고 할 때, 그 자체만을 보면, 그것은 그 사람의 생활방식에 불과합니다. 그러나 현대사회에서 수많은 젊은 사람들이 은둔하고 있다면, 그것은 그냥 지나쳐서는 안 되는 상황입니다. 또한 그것을 정상적인 생활방식 중의 하나라고 여길 수도 없습니다. 물론 은둔하고 있는 사람 한 명 한 명의 입장에서 나의 생활방식이 그렇다고 주장하면 그뿐일 수도 있습니다. 그러나 그 수가 이상할 정도로 많고, 정신의학과 심리학의 기존 개념으론 도저히 설명할 수 없을 지경에 이르면 단순히 하나의 생활방식으로 보기는 어렵습니다.

한편 은둔형 외톨이를 하나의 사회현상으로 보는 경우도 있습니다. 아무런 이유 없이 사회생활을 하지 않고 지내는 젊은 사람들이 그런 경우에 속합니다. 야간 아르바이트를 하는 프리터와 고교를 중퇴하여 음악을 하는 애송이 음악가조차도 은둔형 외톨이로 간주되기도 합니다. 이런 이유로 뉴스 프로그램 같은 데서 은둔형 외톨이를 사치병이라고 말하기도 합니다.

실제로 은둔형 외톨이가 자신이 하고 싶은 것을 명확하게 밝히는 경우는 매우 드뭅니다. 하고 싶은 것이 있다면 당연히 하고 싶은 것을 열심히 해서 은둔형 외톨이가 되지 않았겠지요. 자신이 어떻게 해야 좋을지 모르기 때문에 은둔하고 있는 것입니다. 그러므로 '왜 밖으로 나갈 수 없는가'라는 질문에 은둔형 외톨이가 대답할 수 있는 것은 '왜 밖으로 나갈 수 없는가를 알 수 없기 때문이다'라는 것입니다.

그렇다고 해서 그들이 그냥 편하게 현재 상태에 안주하고 있는 것이냐 하면 그렇지도 않습니다. 그들도 상당히 초조해하면서 나름대로 고민을 하고 있습니다. 그들 또한 은둔 상태를 벗어날 수만 있다면 하루라도 빨리 벗어나고 싶어합니다. 그러나 어떻게 해야 벗어날 수 있는지 그 방법도 모르고, 또한 안다고 해도 잘되지도 않고, 잘할 수 있다는 자신감도 없습니다.

좁은 의미의 은둔형 외톨이

여기서는 좁은 의미의 은둔형 외톨이와 넓은 의미의 은둔형 외톨이에 대해 생각해보려고 합니다. 그런 다음 현재 제가 생각하고 있는 은둔형 외톨이의 정의를 제시해보겠습니다. 먼저 전형적인 좁은 의미의 은둔형 외톨이 사례를 보겠습니다.

　A군은 22세의 남자입니다. 그는 삼대가 함께 사는 지방의 소도시 가정에서 태어났습니다. 가족들은 세 형제 중 장남인 그가 장차 가장 역할을 해주기를 기대했습니다. 그렇다고 해서 A군이 미래의 가장 역할에 대해 심하게 압박을 받고 있는 상황은 아니었습니다. 단지 암묵적으로 당연시되는 그런 분위기 속에서 성장했을 뿐입니다.

　A군은 그런 분위기에 그다지 저항하지도 않았습니다. 부모도 A군이 유명한 지방 국립대학에 입학할 때까지는 손이 많이 가는 타입의 아이가 아니라서 장남에 어울리는 사람으로 잘자랐다고 생각했을 정도입니다. 문제는 고교 졸업 후 지방 국립대학에 진학하면서 처음으로 부모 곁을 떠나 혼자 생활하기 시작하면서 나타났습니다. 그는 동아리 활동도 하지 않았고, 수업에도 나오지 않았으며, 친구도 사귀지 않았습니다. 하숙집에서 한 걸음도 걸어나오지 않은 채, 오로지 책을 읽는 생활에만 점점 빠져들었습니다. 학교에 계속 가지 않으면서 하숙집에서 은둔하고 있었던 것입니다. 부모는 그런 사실을 전혀 몰랐습니다. 대학에서 출석 일수가 모자라 학년을 올라갈 수 없다는 연락을 받고 나서야, 부모는 아들이 학교에 전혀 가지 않았다는 사실을 알게 되었습니다.

　부모는 어떻게 된 영문인지 알아보기 위해 A군의 하숙집을 방문했습니다. A군은 대학에 다닐 생각이 없으니까 자퇴하고 싶다고 자신의 의지를 강하게 피력했습니다. 부모는 우선 대학을 다니지 않아도 좋다고 말했습니다. 그리고 그를 집으로 데려왔습니다. 부모는 집에서 A군과 함께 지내면서 어떤 생각을 하고 있는지, 앞으로 어떻게 할 것인지 등에 대해 매일 물어봤습니다. 그러나 돌아오는 대답은 지금은 알 수 없다는 말뿐이었습니다. 부모는 어떻게 해야 좋을지 몰라 너무 답답해하다가, 혹시 A군이 정신적으로 문제가 있을까 싶어 병원으로 데려왔습니다.

처음 진료를 할 때, 어머니는 A군이 무엇을 하고 싶어하는지 모르겠다고 다소 미심쩍어하는 모습으로 말했습니다. 한편 아버지는 어머니가 너무 감싸고 돌아서 이 지경이 되었다고 어머니에게 그 원인을 돌렸습니다. A군은 약간 뚱한 태도로 자신은 정신적으로 아무 이상이 없는데, 왜 정신과에 데려왔느냐며 불만스러워했습니다.

그리고 대학을 그만두고 싶어하는 이유로, "자신이 하고 싶은 것은 대학에 없고 대학을 나와도 별로 좋을 것이 없기" 때문이라고 설명했습니다. 저와 면담이 시작되었습니다. 제가 A군에게 지금은 아무것도 하지 않아도 좋으니, 조금씩 세상과 연결되기 위한 하나의 방법으로 병원에 다니는 것은 어떠냐고 권유했습니다. 그러자 그는 그러겠다고 동의했습니다.

　그후에도 그는 "아무래도 내가 병원에 왜 다녀야 하는지 이해할 수 없다", "무엇을 해야 좋을지 모르겠다", "살아 있어도 앞으로 좋을 일이 없을 것 같다"라고 호소했습니다. 종종 병원에 오지 않기도 했습니다. 마침내 대학을 완전히 그만두고 집에서 은둔하게 되었습니다. 그렇다고 완전히 은둔하여 지내는 것도 아니었습니다. 때때로 서점에 가기도 하고 가끔씩 쇼핑도 했습니다. 그런가 하면 자신이 아무것도 하지 않는 것에 대해 초조해하기도 했습니다. 어떤 때는 어머니에게 "당신은 나에게 아무것도 해주지 않아"하고 시비를 걸었고, 아버지에게는 장래를 책임지라고 하면서 싸움을 걸기도 했습니다.

　그런 상태가 2년이나 지속된 이후, "자신은 소설가가 되겠다"고 말하면서 소설을 쓰기 시작했고, 병원에는 아예 오지 않았습니다. 1년 후 소설은 계속 써댔지만 어디에도 투고하지 않았습니다. 그러나 병원에는 다시 정기적으로 나오기 시작했습니다. 가끔씩 오랜 기간은 아니지만 편의점 아르바이트를 하기도 합니다.

　A군은 "현재는 정말로 내가 하고 싶은 것이 무엇인지 모르겠다"라고 종종 말합니다. 그러나 이런 말이 강한 염세적인 생각이나 허무감에서 나오는 것은 아닙니다. 지금까지 환각과 망상 등의 정신분열병이 의심되는 증상은 없습니다. 미국정신의

학회의 DSM-IV의 진단 기준에 따라 진단을 붙인다면, '회피성 인격장애'_{뒤에서 언급하는 진단 기준 참조}에 해당됩니다.

은둔형 외톨이는 어디까지나 현재 상태를 표현하는 말이지, 은둔형 외톨이라는 진단명은 없습니다. 좁은 의미의 은둔형 외톨이는 진단적인 측면에서는 대개가 인격장애에 해당됩니다. 이 점에 대해서는 조금 더 언급을 하고 싶습니다.

인격장애는 인격이 왜곡되어 사회생활이나 일상생활에서 여러 가지 문제들을 일으키는 장애입니다. 여기서 강조해두고 싶은 것은 인격장애는 결코 정신병이 아니라는 점입니다. 단지 인격이 편향되고 왜곡되어 있는 상태일 뿐입니다. 은둔형 외톨이라고 결론 내리기 위해서는, 우선 정신분열병의 진단 기준에 해당되어서는 안 됩니다.

A군과 같은 사례가 제가 생각하고 있는 전형적인 은둔형 외톨이에 해당됩니다. 은둔형 외톨이에 대한 다른 책에서도 언급되어 있지만, 은둔형 외톨이의 은둔은 정신분열병, 우울병, 강박장애, 공황장애 등에서 나타나는 은둔과는 다릅니다. 따라서 좁은 의미의 은둔형 외톨이를 감별해내기 위해서는 반드시 그런 질환들과 구분되어야 합니다. 때때로 그런 질환들에서도 은둔형 외톨이와 유사한 은둔 상태를 보이기도 합니다. 그러나 이들 질환에서는 각각의 질환에 따라 자폐 성향, 의욕 저하, 강한 불안 등

과 같은 특징을 보입니다. 이런 증세를 보이는 사람들이 진짜 괴로워하는 원인은 해당 질환들에 근거하고 있습니다. 따라서 가장 먼저 해야 하는 일은 해당 질환을 조속히 치료하는 것입니다. 좁은 의미의 은둔형 외톨이는 그런 종류의 질환과는 근본적으로 다릅니다.

그 다음으로 은둔형 외톨이가 자신의 상태로 인해 스스로 괴로워하고 있다는 점도 고려해야 합니다. 이런 점 또한 은둔형 외톨이를 다른 질환과 감별할 때 필수적으로 체크해야 하는 사항입니다. 더욱이 은둔형 외톨이가 은둔하고 있을 때는 자신이 왜 밖으로 나갈 수 없는지, 지금 무엇을 하면 좋은지, 전혀 모릅니다. 은둔하고 있는 자신을 변화시키고 싶지만, 도저히 그 방법을 모르겠다는 것이 은둔형 외톨이의 전형적인 마음입니다.

은둔형 외톨이는 그 방법을 몰라서 고심하고 있습니다. 그리고 이 문제를 해결하기 위해 구원을 요청하고 있습니다. 얼른 보기에는 은둔형 외톨이의 세계에 안주하고 있는 듯해 보여도, 스스로도 자기 자신에 대해서 뭔지 모를 위화감을 느끼고 있는 것입니다. 사실 우리는 은둔형 외톨이의 세계에 이질감을 느낍니다. 그렇게 이질감을 느낀다고 해도 은둔형 외톨이의 상태에서 구출해줘야만 합니다. 그리고 어떤 방법으로 구출해주는 것이 바람직한지 책임감을 가지고 씨름해야 합니다.

문헌에 의하면 은둔형 외톨이의 기간은 6개월 이상이 가장 많다고 합니다. 은둔형 외톨이가 풍기는 이질감으로 은둔형 외톨이의 여부를 판단할 수 있다고 해도, 적어도 그 정도의 기간은 필요하다고 생각합니다. 제가 봐도 타당한 기간이라고 생각합니다. 사실 특별하게 기간을 딱 정하는 것은 큰 의미가 없다고 여겨집니다. 그렇지만 한 달 정도의 기간은 너무 짧습니다. 그들이 한 달 정도로 짧은 기간 동안만 심하게 괴로워하리라고는 생각되지 않기 때문입니다.

좁은 의미의 은둔형 외톨이를 위에서 살펴본 내용들에 근거하여 정리해보면 다음과 같습니다.

1. 어느 정도의 기간 대체로 6개월 이상 동안 집에 은둔해 있으면서 아무 일도 하지 않고, 자신에게 필요한 것 또는 필요하다고 생각되는 최소한의 것만 하는 것.

2. 스스로 '은둔 상태'에 이질감을 느껴서, '은둔 상태'에서 빠져나가고 싶다고 생각하지만 그 방법을 몰라 자신이 아무것도 할 수 없는 것.

3. 은둔형 외톨이라는 증상이 다른 정신질환의 하위 증상이 아닐 것.

넓은 의미의 은둔형 외톨이

현재 은둔형 외톨이라는 말은 그 개념이 명확하게 정의되어 있지도 않으면서, 그 단어만 여기저기 떠돌아다니고 있는 듯한 느낌이 듭니다. 그 때문인지 정신분열병의 초기라고 추정되는 청년기 환자들의 부모님들이 "우리 애가 은둔형 외톨이입니다"라고 말씀하시는 경우를 우리 병원에서 흔히 보게 됩니다. 또한 30대의 환자들이 자신이 은둔형 외톨이라고 스스로 판단하여 치료를 받으러 오는 경우도 있습니다.

확실히 그들이 집에서 은둔하고 있는 것은 맞습니다. 그러나 은둔형 외톨이처럼 보이는 증상이 다른 정신질환에서 동반되는 하위 증상에 불과할 수도 있습니다. 따라서 이런 경우 은둔하는 상태를 야기하는 것은 다른 정신질환 때문입니다. 그러므로 무엇보다도 우선되어야 하는 것은 해당 정신질환의 치료입니다. 특히 정신분열병으로 진단되면, 평생 폐인이 돼버릴지도 모르는 불치의 병에 걸렸다고 생각하는 사람들이 많습니다. 때문에 정신분열병이라고 진단되는 것이 두려워서 의식적이든 무의식적이든 은둔형 외톨이라는 현대병의 하나라고 생각해버리는 경향이 있습니다. 이것은 아마도 정신분열병이라는 병명에서 가족 또는 본인이 도피하고 싶다는 생각도 한몫을 하는 것 같습니다.

앞에서도 언급한 바와 같이 은둔형 외톨이는 상태를 표현하는 단어이지 의학적인 진단명은 아닙니다. 그래서 정신분열병, 우울병, 강박장애, 공황장애 등에 동반되는 하나의 증상으로 나타나기도 합니다. 그러므로 제가 생각하는 좁은 의미의 은둔형 외톨이에는 해당되지 않겠지만, 보다 광범위한 개념에 기반을 둔 넓은 의미의 은둔형 외톨이에는 이런 질환들도 포함될 수 있습니다.

한편 자신이 하고 싶은 것, 예를 들면 음악가가 되겠다거나 작가가 되겠다는 장래의 목표가 있어서 남들이 생각하는 필요 이상으로 집에 머물러 있는 사람도 분명히 있습니다. 그리하여 대인 관계에서 멀어지기도 합니다. 그들은 그 기간에 창작에 몰두합니다. 또한 스스로 일정 기간 동안 집에서 휴양하면서 장래를 생각하는 사람도 있습니다. 이런 사람들도 넓은 의미에서는 은둔형 외톨이라고 할 수 있습니다. 넓은 의미의 은둔형 외톨이는 그 단어가 말해주고 있는 것처럼 그냥 일정 기간 은둔하고 있다는 것만을 표현하고 있습니다. 그 이유는 질환 때문일 수도 있고, 아니면 스스로의 의지로 선택해서 은둔하는 경우도 있을 수 있습니다. 예를 들면 간단한 취업이나 학교의 통학 등 최소한의 사회생활도 하지 않으면서 가족 이외의 사람들과 대인 관계를 맺지 않는 경우는, 그 원인이 어디에 있든지 간에 넓은 의미의 은둔형 외톨이에 포함시킬 수 있습니다.

물론 다른 정신질환에 의한 은둔형 외톨이는 그 질환의 치료가 중요한 문제가 됩니다. 그러나 스스로의 의지로 선택한 은둔형 외톨이는 치료할 필요가 없습니다. 그러므로 이 책에서 언급하는 은둔형 외톨이는 어디까지나 좁은 의미의 은둔형 외톨이를 말하는 것입니다.

은둔형 외톨이와 구별해야 되는 정신질환

1 — 정신분열병

B양은 24세의 여자입니다. 엘리트 회사원인 아버지, 전업주부인 어머니, 세 살 아래의 여동생이 있습니다. 초급대학을 졸업했고, 반에서 특별히 눈에 띄는 학생은 아니었습니다. 온순한 느낌을 주는 학생이었습니다. 초급대학을 졸업한 후 사무기기 회사에 사무원으로 입사했습니다. 회사에서도 평범한 인상을 주는 사원으로 인식되었습니다.

근무한 지 2년 후, 집에서 가족과 식사를 하던 중 "나는 회사에서 욕을 먹고 있다. 모두 나를 싫어해서 회사를 다니기가 싫다"고 말하기 시작했습니다. 가족은 그녀에게 "너무 신경 쓰지 말라”고 다독거리며 회사에 출근하도록 독려했습니다. 그런 일이 있고 나서 출근을 계속했지만, 일주일 후 “회사에서 하루 종일 계속 욕을 얻어먹고 있다. 도저히 참을 수 없다”고 외치고 다녔습니다. 그날 밤 한숨도 자지 못하고 계속해서 공포에 떨었습니다. 결국 회사를 다닐 수 없어서 퇴사했습니다.

집에서 은둔하면서도 ‘회사 사람들이 나에게 책임을 떠넘기기 위해 오고 있다, 나를 비난하는 소리가 들린다’ 등 계속 자책하며 중얼중얼 혼자말을 했습니다. 결국 걱정이 된 가족이 B양을 병원에 데리고 왔습니다.

가족의 이야기를 들어보면 이렇게 항상 이상한 말을 하고 다닌 것은 아니었다고 합니다. 이전에는 밥도 잘먹고, 잠도 잘자고, 생활도 잘했다고 합니다. 가족은 회사의 인간관계에 지쳐서 그런 상태가 된 것 같다면서, B양이 은둔형 외톨이가 아닌지 물었습니다.

제가 생각하고 있는 좁은 의미의 은둔형 외톨이에서도 장기간에 걸쳐서 은둔하면서 주위에 피해를 주고 있는 경우가 있습니다. 그들은 사회와 동떨어져 있고, 현실과는 유리된 생각을 하고 있습니다. 그러나 좁은 의미에서 은둔형 외톨이의 그런 사고는 그들의 상황을 고려하면 어느 정도 이해가 가능합니다. 이것을 정신의학 용어로는 요해了解 가능하다고 말합니다.

그러나 B양의 망상은 그녀가 처한 상황에 의거해서 판단해 보더라도 이해하기 어려운 부분이 있었습니다. 저는 B양을 망상형 정신분열병으로 진단하고 치료를 시작했습니다. 치료를 시작한 지 약 2년이 경과하고 나서부터, 망상 증상은 상당히 호전을 보였습니다. 현재는 재활 치료를 위해 낮 병원 치료 프로그램에 참가하고 있습니다. 그 이후 안정된 상태를 잘 유지하고 있고, 은둔 상태는 전혀 보이지 않고 있습니다.

정신분열병의 증상으로 은둔형 외톨이가 나타나는 경우는 종종 있습니다. 이것은 정신분열병의 증상에서 '자폐'라고 부르는 하나의 증상입니다. 또한 정신분열병에서 나타나는 증상인 망상에 지배당해서 밖으로 나가지 못하는 경우도 있습니다. 은둔형 외톨이와 구별하는 기준은 B양의 경우에서 볼 수 있는 바와 같이 일반적인 관점에서 그 증상이 이해 가능한가 아닌가 하는 점입니다.

또한 저의 경험에서 보면 은둔형 외톨이는 은둔해 있을 때, 의외로 그 나름대로의 생활을 잘한다는 것입니다. 정신분열병의 경우는 은둔 상태일 때, 자신을 잘 챙기지 못해서 방이 엉망이 되는 경우가 많습니다. 심지어 목욕도 제대로 하지 못합니다. 그에 비해 은둔형 외톨이는 은둔을 하더라도, 매일 목욕이나 샤워를 하고, 방 청소도 잘하는 경우가 많습니다. 이도 매일 닦고,

세수도 매일 하는 사람이 대부분입니다. 그래서 저는 은둔형 외톨이를 정신분열병의 은둔과 구별하기 위해, 환자들이 반드시 매일 목욕을 하는지, 방의 상태는 어떠한지 등과 같은 일상생활과 관련된 질문을 합니다. 이런 것들은 정신분열병과 구별하는 데 중요한 역할을 합니다.

정신분열병은 전 인구의 1.6퍼센트의 유병율을 보입니다. 우울병보다 유병율은 낮지만, 그 난치성에서 보면 조기 치료가 중요한 질환입니다. 때로는 은둔형 외톨이와의 감별이 아주 어려운 경우도 있습니다. 따라서 정신분열병과 구별하는 일은 아주 중요합니다. 은둔형 외톨이는 반드시 한 번쯤은 정신분열병의 가능성을 의심해볼 필요가 있습니다.

2 ─ 우울병

2020년에는 우울병이 생활의 질을 떨어뜨리는 핵심 요인 중 하나가 될 것이라고 세계적인 보고서들은 말하고 있습니다. 그러므로 우울병의 극복은 세계적인 급선무라고 생각됩니다. 우울병에 의한 은둔 상태를 제가 생각하고 있는 은둔형 외톨이와 감별해내는 것은 그렇게 어렵지 않습니다. 임상적인 사례를 들어 설명해보겠습니다.

C군은 엄격한 가정에서 장남으로 자랐으며, 남동생 한 명을

두고 있습니다. 성장을 잘해서 일류 국립대학을 졸업했습니다. 졸업 후에는 출판사에서 근무했습니다. 문제의 징후는 근무를 시작한 지 약 반년 후부터 나타났습니다. 어느 날 출근을 하는데 갑자기 기분이 나빠져서 도무지 회사를 갈 수가 없었습니다. 그래서 그날은 회사를 쉬었습니다. 사실 그동안도 매일 일이 너무 힘들게 느껴져서 머리가 아팠고, 잠을 이루기 힘든 날이 많았습니다. 심지어 휴일에도 몸이 무거워서 꼼짝할 수 없을 정도로 피곤했습니다. 그러나 회사 다니는 사람들은 다 자신과 같은 처지이겠거니 생각하면서 힘들었지만 매일 출근했습니다.

회사를 쉰 다음날에도 몸은 천근만근 무거웠습니다. 또한 불안했습니다. 입맛이 너무 없었고, 사람들도 만나고 싶지 않았습니다. 그래서 휴가를 받아서 본가에 갔습니다. 가족에게도 우울감, 자책감, 무기력, 권태감, 혼란스런 생각 등으로 힘들어 죽겠다고 말했습니다. 결국 회사에 복귀하지 못하고 집에서 계속 요양을 했습니다. 그러나 3개월을 쉬었는데도 증상이 호전되지 않아서 우리 병원을 방문하게 되었습니다. 그와 면담을 하고 진찰을 하는데 우울한 기분, 비애감, 의욕 저하 등을 호소했습니다. 일과 대인 관계의 스트레스로 마음이 우울해져 몸을 움직일 수 없게 되었고, 그 때문에 집 밖으로 나가지 않고 은둔하고 있다는 것을 자각하고 있었습니다.

그후 그는 정기적으로 통원 치료를 받으면서 약을 복용해서 순조롭게 회복되어 나갔습니다. 지금은 의료 관계의 일을 하고 싶어서 작업치료사를 양성하는 전문학교에 입학할 준비를 하고 있습니다.

C군의 경우 우울병에 동반된 의욕 저하, 전신 권태감으로 인해 은둔하는 상태가 되었던 것입니다. 은둔하고 있었지만, 이 상태가 우울병 때문이라는 것을 자신도 부모도 잘 알고 있었습니다.

은둔형 외톨이의 은둔과 우울병에 의한 은둔의 차이는 스스로 은둔하고 있는 원인을 잘 자각하고 있는가 하는 점이 감별 기준이 됩니다. 은둔형 외톨이는 은둔하고 있으면서도, 왜 자신이 외부 세계로 빠져나갈 수 없는지 그 이유를 잘 이해하지 못합니다.

3 ─ 강박성 장애

강박성 장애는 1980년대까지만 해도 그렇게 흔한 질병이 아니었습니다. 그러나 최근의 연구를 보면 유병율이 전 인구의 2.5퍼센트라는 결과가 나와 있습니다. 정신분열병의 유병율이 1.6퍼센트인데 그것과 비교해보더라도 상당히 높은 유병율임을 알 수 있습니다. 일본에서도 증가 추세에 있습니다. 강박성 장애의 임상적 사례를 살펴보기로 하겠습니다.

D군은 대학을 졸업할 때까지는 특별히 이렇다 할 문제 없이

순조롭게 인생을 걸어왔습니다. 대학 졸업 후에는 엔지니어로 일했습니다. 근무한 지 2년이 경과되었을 때입니다. 잔업이 계속되었지만 일에 재미를 붙이고 있었기 때문에 특별히 힘들지는 않았습니다. 그날도 평상시와 똑같이 직장에서 마지막으로 잔업을 마치고 집으로 돌아가고 있었습니다. 그때 갑자기 회사 문을 잘 닫았는지 걱정이 돼서 견딜 수가 없었습니다. 다시 한 번 확인하기 위해 집으로 가지 않고 회사로 돌아갔습니다. 그리고 다음날도 문을 잘 잠궜는지 몹시 걱정이 돼서, 자신의 집 문도 몇 번씩 확인을 했습니다. 또한 전기 제품의 스위치와 가스의 안전 등이 걱정되기 시작했습니다. 이것들이 제대로 잠겨 있는지를 확인하느라 출근할 때도 시간이 많이 걸렸습니다. 이렇게 확인하는 행위는 점점 그 범위가 넓어져서, 차를 운전할 때도 혹시 내가 사람을 친 건 아닐까 하고 걱정이 돼서 운전을 제대로 할 수 없었습니다.

스스로 생각해봐도 분명히 별 것 아닌데, 몇 번씩 확인하지 않으면 견딜 수가 없었습니다. 결국은 행동 하나하나에 시간이 너무 걸리게 되었고, 일도 손에 잡히지 않아 할 수 없이 휴직을 했고, 병원을 찾아왔습니다.

면담과 진료 후 약물 치료를 시작했습니다. 경과는 좋았습니다. 평소에 좋아하던 낚시를 느긋하게 즐기고 여행도 합니다. 여전히 약간의 확인 행위가 남아 있긴 합니다. 하지만 스스로 증상 조절이 가능해서 치료를 시작한 지 6개월 만에 현재는 회사에 복직하여 자신의 페이스를 유지하면서 일을 잘하고 있습니다.

D군은 확인하지 않으면 안심이 안 되는 강박관념에 지배당한 것입니다. 지속적으로 강박 행위를 반복하게 되어, 결국 스스로 행동을 제한할 수밖에 없었던 것입니다. 그러다 보니 집에서 한 걸음도 나가지 못하는 은둔 상태에 이르게 되었습니다. D군은 자신이 쓸데없는 행동을 하고 있다는 것을 너무나도 잘 알고 있었습니다. 이것이 강박성 장애의 특징적인 양상입니다.

은둔형 외톨이가 스스로 왜 은둔하고 있는지를 이해하지 못하는 것과는 대조적으로, 강박성 장애는 스스로 은둔하고 있는 이유를 뼈저리게 느끼면서 잘 알고 있습니다. 이런 점이 은둔형 외톨이의 은둔과 다릅니다.

4 ― 공황장애

공황장애는 최근 그 수가 급격히 증가하고 있는 정신질환입니다. 내과에서는 과호흡증후군이라고 부르기도 합니다. 특히 여성에게 많은데, 일생동안 한 번 공황장애를 일으킬 확률은 20명 가운데 1명이라고 합니다. 공황 발작은 아래에 정의되어 있는 것처럼 급격하게 발병하고, 10분 내에 그 정점에 도달합니다. 몇 번씩이나 계속되는 공황 발작으로 인해서 사회생활과 일상생활에 지장을 초래하게 되면 이를 공황장애라고 부릅니다. 임상 사례를 들어보겠습니다.

E양은 고교 졸업 후 운수회사의 사무원으로 근무했습니다. 입사 5년이 경과한 후 책임 있는 자리에 앉게 되었습니다. 적잖이 중압감을 느꼈지만 자신의 임무를 충실하게 수행했습니다.

어느 날 출근하려고 전차를 탔습니다. 그날은 아침부터 설사 증세가 있었습니다. 전차를 타고 가는데 갑자기 배가 아프면서 식은땀이 나기 시작했습니다. 호흡이 곤란해지면서 어지럽고 숨이 막혀 꼭 의식을 잃을 것만 같았습니다. 당장 전차에서 내리고 싶었지만, 급행전차였기 때문에 내릴 수도 없었습니다. 게다가 혼잡한 출근 시간대라 전차 안이 발 디딜 틈 없이 가득 차서 옴짝달싹할 수 없었습니다. 곧 쓰러질 것 같았습니다. 겨우 정신을 차려서 다음 역에서 내렸습니다. 그러나 그 이후로 E양은 너무 무서워서 도저히 급행전차를 탈 수 없었습니다. 그렇다고 출근을 하지 않을 수는 없어서 그녀는 역마다 정차하는 전차를 탔습니다.

그리고 공황 발작이 아무때나 일어나서 자신이 언제 죽을지 모른다는 생각에 사로잡혀서 혼자서 생활하는 것이 점점 어렵게 되었습니다. 누군가가 가까이 있지 않으면 운전도 못했고, 결국에는 전차도 혼자 타지 못했습니다. 마침내 집 밖으로 나올 수 없게 되어 한동안 집에서 은둔하며 요양을 했습니다. 그러나 개선의 기미가 전혀 보이지 않아 병원을 찾아왔습니다.

면담과 진찰 후 약물을 복용했습니다. 그리고 동시에 공황장애의 치료에 효과가 있는 인지 행동 치료를 받았습니다. 1개월 정도가 지나자 급속하게 증세가 호전되어, 현재는 가끔씩 불안할 때 약을 복용하는 정도입니다. 복직하여 건강하게 근무하고 있습니다.

E양은 불편한 장소 여성의 경우 즉시 내릴 수 없는 전차에 갈 수 없는, 공간에 대한 공포를 동반한 공황장애입니다. 처음에는 불편한 장소가 급행전차로 한정되어 있었지만, 그후 점차로 확대되어갔습니다. 이것을 정신의학적 용어로는 '일반화'라고 합니다. E양도 이 일반화가 일어나서, 결국 집 밖으로 나올 수 없을 만큼 상황이 악화됨에 따라 은둔 상태가 돼버린 경우입니다.

그러나 E양에게서 볼 수 있는 공황장애의 은둔은 은둔형 외톨이의 은둔과는 다릅니다. 공황장애는 명확한 불안이 있기 때문에 밖에 나가지 못하는 것입니다. 다시 말하면 공황 발작이 일어나지 않을까 하는 불안 이것을 정신의학적 용어로는 '예기 불안'이라고 한다 때문에 밖에 나가지 못하는 것입니다. 하지만 은둔형 외톨이를 공황장애와 혼돈하여 잘못 진단되는 경우는 거의 없습니다.

강력한 공포는 불쾌한 느낌이 동반되며, 일정한 기간 동안 나타나므로 다른 질환과 구별된다. 아래의 증상 가운데 4개(또는 4개 이상)의 증상이 갑자기 나타나서, 10분 이내에 그 정점에 도달한다.

❶ – 가슴 두근거림, 심한 박동 또는 심박 수의 증가

❷ – 발한

❸ – 몸이 흔들리는 느낌

❹ – 질식감

❺ – 흉통 또는 흉부의 불쾌감

❻ – 구토 또는 복부의 불쾌감

❼ – 어지러움, 머리가 가벼운 느낌 또는 뭔가 다른 느낌.

❽ – 현실감 소실(현실이 아닌 것 같은 느낌)과 이인離人 증상(자신이 아닌 느낌)

❾ – 자신이 미치지 않나 하는 공포감

❿ – 죽음에 대한 공포

⓫ – 이상 감각(감각 마비 또는 으스스한 느낌)

⓬ – 냉감 또는 열감

이상으로 제가 생각하는 좁은 의미의 은둔형 외톨이와 혼동되기 쉬운 대표적인 정신질환의 예로 정신분열병, 우울병, 강박장애,

공황장애 등을 간단하게 살펴봤습니다. 이 질환들은 그 하위 증상으로서 일정 기간 동안 은둔 현상을 보일 수 있는 정신질환들이기도 합니다. 그리고 좁은 의미의 은둔형 외톨이와 각종 정신질환들을 감별하는 데 주의해야 할 중요한 점들을 하나하나 제시했습니다. 이 중 가장 감별이 곤란하고 중요한 것은 정신분열병에 의한 은둔 상태라는 것을 다시 한 번 강조해둡니다.

은둔형 외톨이에게 붙여지는 병명

좁은 의미의 은둔형 외톨이에 대해 살펴보았습니다. 그러나 은둔형 외톨이는 일종의 상태이기 때문에, 미국 정신의학계의 진단 분류 체계인 DSM-IV에서는 은둔형 외톨이라는 진단명이 없습니다. 그렇다면 은둔형 외톨이에게 DSM-IV의 기준에 따라서 어떤 진단명을 붙이는 것이 좋은지 알아보도록 하겠습니다.

1— 사회공포장애 사회불안장애

이 진단은 DSM-IV의 진단 기준에서는 불안장애라는 큰 범주의 하위 분류에 속하는 장애입니다. 일본에서는 예전부터 대인공포증 혹은 적면赤面공포증이라고 불렸습니다. 대인공포증이나 적면공포증은 DSM-IV의 진단 기준에서 보면 사회공포장애에 해당됩니다. 은둔형 외톨이에게도 이 진단명을 붙일 수 있습니다. 그 임상 사례를 통해 살펴보겠습니다.

F군은 현재 23세의 남자입니다. 원래 사람들 앞에만 서면 주눅이 잔뜩 들어 완전히 얼어버리는 성격의 소유자였기 때문에, 수업중에 스스로 적극적으로 발표하는 것은 생각도 할 수 없었습니다. 그렇지만 학교에 다닐 때는 그런대로 친구도 있었고, 탁구부에 소속되어 나름대로 즐겁게 학교생활을 보냈습니다.

고등학교를 졸업한 후에는 자동차 회사에 취직하여 라인을 작업하는 일을 했으며 특별한 문제는 없었습니다. 그런데 이 회사에는 아침 조례 시간에 10명의 팀원들끼리 한 사람씩 돌아가면서 자신의 관심 사항을 5분 정도 발표하는 시간이 있었습니다. F군은 처음 한 번은 어떻게 했지만, 두 번째는 도저히 발표할 자신이 없어서 자신의 차례가 되는 날 아예 출근을 하지 않았습니다. 그리고 난 후부터 출근을 계속해서 하지 않았고, 결국 취직한 지 3개월 만에 스스로 퇴사를 했습니다.

퇴사하고 난 이래 집에서 은둔을 하고 있습니다. 처음 1년 정도는 집에서 은둔은 해도, 때때로 자신이 좋아하는 아티스트의 라이브 음악회도 갔다오고, 야구 경기도 보러가곤 했습니다. 그러나 점점더 밖에 외출하는 일이 줄어들었습니다. 스스로도 의식 과잉이라는 것을 알고 있었지만, 항상 누군가가 자신을 보고 있는 듯한 기분이 들었습니다. 결국에는 외출을 하지 않게 되었습니다. 은둔한 지 2년 후부터는 가족 이외의 다른 사람을 만나기만 하면, 기분이 나빠지고 속이 메슥거리는 증세를 보였습니다. 3년째부터는 다른 사람을 만나면 실제로 먹은 것을 토하기도 했습니다. 더군다나 가족 이외의 사람과는 말도 할 수 없었고, 외출도 전혀 할 수 없었습니다. 이제는 완벽한 은둔 생활이 돼버렸습니다. 가족은 걱정이 되어서 F군을 병원에 데려왔습니다.

F군은 실제로 저와 면담하고 있는 사이에도 기분이 나빠지고, 구토가 나올 것 같다고 했습니다. 입에 손을 대고서 구토물이 나오지 않도록 애쓰는 모습을 보이기도 했습니다. F군에게는 정신병적인 요소는 없었습니다. 은둔형 외톨이라고 판단되었습니다. 환자의 동의하에 소량의 항불안제를 복용하면서 지속적인 면담을 하기로 약속했습니다. 현재 병원에 다닌 지 2년이 지났습니다. F군은 아직 직업을 갖지는 못했지만 조금씩 외출하는 것이 가능해졌고, 저와의 면담 중에도 구토 증세를 느끼지 않게 되었습니다.

사회공포장애_{사회불안장애}는 많은 은둔형 외톨이에게서 볼 수 있는 정신질환입니다. 이 장애는 과도한 대인 긴장 및 대인 과민을 보이는 것을 그 특징으로 합니다. 이 장애로 인해서 은둔하고

있는 사례는 아주 많기 때문에, 또 하나의 다른 사례를 소개하고
자 합니다.

G군은 현재 26세의 남자입니다. 회사원인 아버지, 파트 타임
으로 일을 하는 어머니, 공무원으로 일하는 동생 한 명이 있는 4
인 가족입니다. G군은 부모 입장에서 보면 나무랄 데 없는 좋은
아이로, 성적도 꽤 우수한 편이었고 주위에서도 온순하고 성실
하다고 인정하는 학생이었습니다. 하지만 전체적인 인상은 나
약한 느낌을 주었습니다.

G군은 어릴 때부터 사람들 앞에서 발표할 때마다 얼굴이 붉
어지는 것 때문에 고민이 이만저만이 아니었습니다. 초등학생
때는 실제로 그것으로 인해 놀림을 받았고, 그 이후 더욱더 긴장
하게 되었습니다.

그런 이유로 해서 학생 때는 가능한 한 그런 상황을 피하려
고 했습니다. 공부는 성실하게 하는 타입이라 자신이 살고 있는
지방의 국립대학교 법학부에 입학했습니다. 대학에 들어간 후
에도 많은 사람이 모인 곳에 가면 지나치게 긴장되는 탓에 가슴
이 콩닥콩닥 뛰었습니다. 그래서 그런 장소에 있는 것이 너무 힘
들었고, 친목회나 술을 마시는 자리에는 참석하지 않았습니다.
물론 친구도 거의 사귀지 않았습니다.

G군은 어떻게 해서 자신에게 이런 일이 일어났는지, 앞으로

어떻게 하면 좋은지 고민도 해보았지만, 여기서 빠져나올 수 있는 방법을 찾을 수 없었습니다. 그래서 하는 수 없이 그냥 집과 대학만을 왔다 갔다 했습니다. 대학교 4학년이 되어 동급생들이 취직 자리를 알아보기 위해 동분서주하고 있을 때도, G군은 회사 설명회에 도저히 갈 수가 없었고, 물론 면접도 보지 못했습니다. 나름대로 공부는 성실하게 꾸준히 해서 졸업은 가능했지만, 직업을 가질 수는 없었습니다.

졸업을 하고 나서는 무직인 것을 부끄러워했습니다. 또한 다른 사람에게서 무슨 소리를 들으면 어떡하나, 아는 사람을 만나면 어떡하나 하는 생각이 점점 강해졌습니다. 점점 외출을 하지 않게 되었고, 집에서만 은둔하게 되었습니다. 2년간 아무곳에도 외출하지 않고 거의 집에서만 지낸 후, 어떻게 하든지 스스로 이 상황에서 탈출하고 싶다고 생각하여 병원을 찾게 되었습니다.

처음 면담시 G군은 매우 잔뜩 긴장한 모습으로 저와 눈을 맞추지도 않았습니다. 여기 있다는 것 자체가 고통스러워하는 표정이었습니다. 그러나 "스스로의 의지로 오늘 여기 왔습니다. 빨리 병을 낫고 싶습니다"라고 분명하게 말을 했습니다. 다만 약에 의존하고 싶지 않다고 해서, 먼저 면담을 하기로 했습니다. 매주 진행되는 면담을 한 번도 쉬지 않고, 현재까지 2년간 통원하고 있습니다. 면담을 시작하고 나서 1년 후부터 간단한 일을 가끔 하기도 했습니다. 그러나 대인 관계에서 긴장감을 심하게 느꼈기 때문에 지속적으로 일하는 것을 힘들어했습니다. 반년 전쯤부터는 G군의 희망으로 다른 사람에게 익숙해지기 위해 매주 낮 병원에 다니고 있습니다. 지금은 저 또는 병원 직원들과 농담도 하면서 담소를 나눌 정도는 되었습니다.

| 사회공포장애 사회불안장애 DSM-IV |

❶ - 잘 모르는 사람들의 주시를 받을 수 있는 사회적 상황 또는 행위에 대한 현저하고 지속적인 공포. 환자는 자신이 수치심을 느끼거나 부끄러운 생각을 들게 하는 행동(또는 불안 증상을 야기하는 행동)을 두려워한다.

❷ - 공포스러운 사회적 상황에 노출됨으로써 거의 반드시 불안 반응이 유발되고, 그것이 상황 의존성 혹은 상황 유발성 형태의 발작을 보인다.

❸ - 환자는 공포가 과잉인 것, 또는 불합리하다는 것을 인식하고 있다.

❹ - 공포스러운 사회적 상황 또는 행위를 하는 상황을 회피하거나, 그럴 수 없으면 강력한 불안 또는 고통을 느끼면서도 인내한다.

❺ - 공포스러운 사회적 상황 또는 행위의 회피, 예기 불안 또는 고통으로 인해 그 사람의 정상적인 생활 습관, 직업(학업) 기능, 또는 사회 활동이나 대인 관계가 손상되고, 그 공포증 때문에 현저한

고통을 느끼고 있다.

❻ ─ 18세 미만 환자인 경우 지속 기간은 적어도 6개월 이상이 되어야 한다.

❼ ─ 그 공포 또는 회피는 물질(예, 약물남용, 투약)이나 일반 신체 질환의 직접적인 생리학적 작용에 의한 것이 아니고, 다른 정신질환(예, 광장 공포증을 동반하는 또는 동반하지 않는 공황장애, 분리불안장애, 신체추형장애, 전반성 발달장애, 분열병적 인격장애)으로는 설명되지 않아야 한다.

❽ ─ 일반 신체질환 또는 정신질환이 존재하는 경우 기준 1의 공포는 그것과 연관이 없어야 한다(예, 공포는 말더듬이, 파킨슨 병의 진전, 신경성 거식증 또는 신경성 대식증의 식이장애에서 보이는 공포는 아니어야 한다).

2 ─ 회피성. 인격장애

이것은 DSM-IV의 진단 기준에서는 큰 범주인 인격장애의 하위 분류 가운데 하나입니다. 인격장애는 엄밀하게 말하면 정신질환이라고 말하기 어려운 감이 있습니다. 인격장애는 어떤 사람의 인격이 왜곡되어 자신과 주위의 사람들에게 이롭지 못하게 행동하고, 그들과 큰 마찰을 일으키는 장애를 말합니다.

그러나 한마디로 딱 잘라 인격의 왜곡이라고 하는 식으로 다른 사람의 인격을 규정하는 것은 상당히 위험한 일입니다. 왜냐하면 이런 평가는 주관적일 수 있기 때문입니다. 예를 들어 설명

해 드리겠습니다. 제가 병원의 환자들로부터 매우 친절한 사람
이라는 평가를 받았다고 합시다. 그러나 학창 시절의 저를 아는
친구는 그런 평가가 환자들 마음대로 내린 평가라고 생각할 수
도 있습니다. 이처럼 사람에 따라서 어떤 사람의 인격을 평가하
는 것이 다를 수 있습니다. 저 자신을 예로 들었지만, 다른 사람
들도 모두 자신과 인간관계를 맺고 있는 사람에 따라 인격의 평
가가 제각각 달라질 수 있는 것입니다. 이런 점이 인격장애라는
진단이 갖는 최대의 약점이라고 생각합니다. 이 논의는 또 다른
기회에 할 수 있을 것입니다.

제가 생각하기에 회피성 인격장애는 은둔형 외톨이에게 진
단 붙일 수 있는 병명 가운데서 그 가능성이 가장 높습니다. 제
가 처음으로 예를 든 A군이 그것에 해당하는 전형적인 경우에
속합니다. 회피성 인격장애는 은둔형 외톨이에게 흔히 붙여지
는 병명으로서, 여기에서 한 임상 사례를 소개하고자 합니다.

H군은 현재 28세의 남자입니다. 그의 가족은 공공기관의 직
원인 아버지, 파트 타임으로 일하고 있는 어머니, 그리고 세 살
아래의 여동생으로 구성되어 있습니다. 어릴 때는 나무랄 데 없
이 착한 아이로, 활발한 동생에 비하면 키우기 쉬운 어린이였다
고 합니다. 초·중학교 때는 그렇게 눈에 띄는 학생이 아니었지
만, 중학교 때는 농구부에 소속되어 열심히 운동을 했고, 공부도

중상 정도로 했습니다. 그후 지방의 공립 고교에 진학했습니다. 주위에서는 H군이 나름대로 학교생활을 즐기는 것으로 생각했겠지만, H군 자신은 중학교 때부터 주위 사람들의 눈초리가 무섭고, 스스로 인기가 없다고 생각했습니다. 특히 실전에 약해서, 농구 시합과 입시 때는 정말로 가고 싶지 않았지만 포기하면 흠집이 될까 봐 갔다고 합니다.

고등학생이 되기 이전부터 점점 사람과 대화할 때 긴장을 하는가 하면, 다른 사람들이 자신을 싫어할지도 모른다고 지레 생각하기도 했습니다. 또한 자신에겐 좋은 장점이 없고, 어떤 누구도 자신을 좋아하지 않을 것이라고 잘못된 해석을 스스로 내리곤 했습니다. 게다가 여러 사람 앞에서 발표할 때 틀리면 창피를 당할까 봐 극도로 두려워해서 수업 중에 발표를 하는 일은 전혀 없었습니다. 그리하여 그는 점차로 친구들에게서 고립되고, 하루 종일 혼자서 지내는 시간이 많아졌습니다.

그렇지만 마음대로 학교를 그만둘 수도 없었습니다. 결석하지 않고 학교를 꾸준히 다녀서 졸업을 했습니다. 그러나 진학도 취직도 할 수 없었습니다. 고교를 졸업한 후 약 7년간 아무것도 하지 않고 집에서 은둔하며 지냈습니다. 책방과 편의점에 가기 위해 주 2회 정도 외출했지만, 다른 사람과의 대인 관계는 거의 없었습니다. 대인 관계라고는 유일하게 가족뿐이었습니다. 스스로도 이래서는 안 되겠다고 초조해했지만, 자신이 사회의 한 구성원으로 역할을 하는 것 자체가 불가능하다고 생각했습니다.

부모는 은둔형 외톨이가 장기화되고 있는 것을 걱정하며, H군에게 일을 하라고 재촉했습니다. 그러나 그때마다 자신은 아무것도 할 수 없는 인간이라고 말했습니다. 그러고는 아무에게도 말을 걸지 않았습니다. 결국은 재촉도 할 수 없는 상황이 돼버렸습니다.

H군이 25세가 되었을 때 부모는 우연히 신문에서 은둔형 외톨이에 대한 강연회 소식을 전해주는 기사를 보았습니다. 그때까지 부모는 은둔형 외톨이에 대한 지식이 전혀 없었습니다. 혹시 하는 기분으로 그 강연회에 참석했는데, 그곳에서 은둔형 외톨이는 반드시 치료해야 한다는 사실을 알게 되었습니다. 먼저 부모라도 상담을 받으라는 교육 내용에 힘입어서 병원에 온 것이었습니다.

1년 정도는 2주에 한 번씩 제가 H군의 부모님과 면담을 했습니다. H군의 근황과 부모의 대응 방식에 대해서 서로 의논을 했고, 이를 주 내용으로 해서 면담을 해나갔습니다. 면담을 계속하는 사이에, H군은 부모가 저와 무슨 이야기를 나누는지, 자신에 대해서는 무슨 이야기를 하는지 궁금해하는 기색을 보이기 시작했습니다.

부모가 저와 면담을 시작한 지 약 1년이 지났을 때, 드디어 H군 자신이 직접 병원을 방문했습니다. 그래서 H군과 부모의 면담을 동시에 진행시켰습니다. 그 이후 현재까지 H군은 면담을 계속하고 있습니다. 여전히 스스로에 대해 자신감이 없고, 자신은 사회의 한 구성원으로서 역할을 할 수 없다고 종종 이야기하지만, 때로는 신문의 구인광고 등을 보기도 합니다. 한 번은 두려움을 느끼면서도 아르바이트 면접을 보기도 했다고 합니다.

| 회피성 인격장애 DSM-IV |

사회적 제지, 부적절감, 부정적 평가에 대해 지나치리 만큼 과민하다. 성인기 초기에 이런 과민함이 광범위한 형태로 드러나기 시작하여, 여러 종류의 상황에서 분명하게 드러난다. 아래의 특징들 가운데서 4가지(또는 그 이상) 증세를 보여야 한다.

❶ - 비판, 부인, 거절에 대한 공포 때문에 중요한 대인 접촉이 있는 직업적 활동을 피한다.

❷ - 다른 사람이 자신을 좋아한다는 확신이 들지 않는 한, 다른 사람과의 관계를 갖고 싶어하지 않는다.

❸ - 수치를 당하는 것, 또는 바보 취급을 받는 것을 두려워하여 친밀한 관계에서도 이런 것을 염려한다.

❹ － 사회적 상황에서는 비판받는 것, 또는 거절당하는 것을 마음에
둔다.

❺ － 부적절함 때문에 새로운 대인 관계 상황에서 억제가 일어난다.

❻ － 자신은 사회적으로 부적절한 인간으로서 장점도 없고, 다른 사람
보다 열등하다고 생각한다.

❼ － 부끄럽게 될지 모른다는 이유에서 개인적인 위험을 감수하거나
새로운 활동 자체를 이상할 정도로 피한다.

3 － 자기애성 인격장애

이것도 회피성 인격장애와 같이 DSM-IV 인격장애의 하위 분류
가운데 하나에 속합니다.

은둔형 외톨이는 자기애, 즉 자기 자신에 대한 의식이 너무
강하기 때문에 상처받는 것을 몹시 두려워하여 밖에 나갈 수 없
다고 하는 견해가 있기도 합니다. 그래서 은둔형 외톨이와 자기
애와의 관련성이 흔히 논의의 대상이 되고, 자기애성 인격장애
라는 진단이 내려지기도 합니다.

그러나 은둔형 외톨이는 뒤에서 언급되겠지만 비현실적으로
자기 실현을 하려는 경향이 있습니다. 예를 들면 자신은 유명한
야구 선수나 작가, 혹은 음악가가 되어야 한다고 생각하면서 기
회만 주어진다면 그렇게 될 수 있을 것이라는 환상에 사로잡혀

있기도 합니다. 그렇지만 한편으로는 은둔형 외톨이라는 현실에 괴로워하는 것을 보면, 그들의 모든 말이나 행동이 자기애에 의한 것이라고는 볼 수 없습니다. 그러나 은둔형 외톨이 가운데 일부는 자기애성 인격장애라는 진단을 붙이는 것이 적절한 경우도 분명히 존재합니다. 그 임상 사례를 살펴보겠습니다.

I군은 현재 21세의 남자입니다. 부모님은 I군이 어렸을 때 이혼했습니다. 그후 어머니와 단둘이 생활하는 가정에서 자랐습니다. 어머니가 미용실을 경영했기 때문에 그는 늘 혼자서 지내는 아이였습니다. 고교시절부터 친구와 잘 어울려 지낼 수 없어서 고민을 많이 했고, 여성스럽다고 놀림을 당하기도 했습니다. 그러다 보니 I군은 반에서 외톨이가 되어 결국 고등학교를 중퇴했습니다.

고교 중퇴 후 I군은 특별히 하는 일도 없이 1년 정도를 보냈습니다. I군의 희망은 자신이 동경하는 애니메이션 성우가 되는 것이었습니다. 자신의 꿈을 실현하기 위해 그는 성우를 양성하는 전문학교에 입학했습니다. 전문학교는 출석일수를 그다지 엄격하게 따지지 않아서 수업료만 내면 졸업에는 문제가 없었습니다. 실제로 I군은 거의 출석하지 않고 졸업했습니다. 졸업 후에는 다시 집에서 은둔 생활을 하면서 거의 밖에 나가는 일이 없었습니다.

I군은 자신은 실력이 있으므로 언제든지 성우의 일을 할 수 있다고 자신 있게 말하곤 했습니다. 그러나 실제로는 오디션을 받은 적이 한 번도 없었습니다. 스스로에게 무한한 가능성이 있다고 생각하는 자기애적 경향이 있는 반면, 실패를 지나치게 두려워했던 것입니다. I군은 저와 면담할 때 자신은 도움을 받을 필요도 병원에 올 필요도 없다고 말했지만, 간혹 자신 없는 표정을 짓기도 했습니다. 오디션을 받을 수 없는 것은 세상이 자신을 따라오지 못하기 때문이고, 세상이 자신의 실력을 정당하게 평가하지 못하기 때문이라고 설명했습니다.

I군은 폐쇄적 상황에 빠져 있습니다. 그는 자신을 곤혹스럽게 하는 것은 아무것도 없다고 말합니다. 그렇지만 제가 판단하기로는 그 자신이 스스로 이 상황을 통찰할 수 있을 때까지 병원에 다니면서 지속적인 면담을 받을 필요가 있다고 생각합니다.

| 자기애성 인격장애 DSM-IV |

과대함(공상 또는 행동에서), 칭찬받고 싶어하는 욕구. 성인기 초기에 시작하고, 공감의 결여가 광범위한 모습으로 여러 상황에서 명백히 드러난다. 아래의 특징 가운데서 5가지(또는 그 이상) 증세를 보여야 한다.

❶ — 자기의 중요성에 대한 과대한 감각(업적 및 재능을 과장한다든지, 충분한

업적이 없는데도 대단한 사람으로 인정받기를 기대한다).

❷ - 끝없는 성공, 권력, 재기, 미, 또는 이상적인 사랑의 공상에 빠진다.

❸ - 자신이 특별하고 독특해서 다른 특별한 혹은 지위가 높은 사람들에게만 이해받을 수 있다고 믿으며, 또는 그런 관계가 있어야만 한다고 생각한다.

❹ - 과도한 칭찬을 원한다.

❺ - 특권 의식, 즉 특별하고 유리한 입장이 되어야 한다. 또 자신의 기대에 자동적으로 따르는 것을 이유 없이 기대한다.

❻ - 대인 관계에서 상대방을 부당하게 이용한다. 즉 자기 자신의 목적을 달성하기 위해 다른 사람을 이용한다.

❼ - 공감의 결여로 인해 다른 사람의 기분 및 욕구를 인식하지 못한다. 또는 그것에 신경 쓰지 않는다.

❽ - 종종 다른 사람을 질투한다. 그런가 하면 다른 사람이 자신을 질투한다고 생각한다.

❾ - 지나치게 오만한 행동이나 태도.

4 - 경계성 인격장애

앞에서 설명한 회피성 또는 자기애성 인격장애와 마찬가지로 인격장애라는 큰 범주의 하위 분류 가운데 하나입니다. 감정의 불안정이 현저하고, 안정된 대인 관계를 형성할 수 없는 것이 그 특징입니다. 그들은 안정된 마음 상태를 바라기도 하지만, 다른 한편으로는 불안정한 대인 관계를 선호하는 이중적인 심적 상태가 병존하고 있습니다.

스스로 충동성을 억제하는 것을 무척 힘들어합니다. 자살 미수, 극도로 불안정한 생활, 섹스, 마약 등으로 자신을 파괴하는 행동을 하고, 특정한 대인 관계를 지속하기 위해 이런 행동을 반복해서 합니다. 그러나 결국 그런 행동은 대인 관계를 파괴시키고, 다시 관계를 형성하기 위해서 더욱더 충동적인 행위에 이르는 악순환에 빠집니다. 경계성 인격장애 환자는 충동성을 억제하기가 힘들기 때문에 은둔하는 일이 흔하지 않습니다. 그러나 파괴적 행동으로 인해서 가족 이외의 모든 대인 관계가 상실되어버리면, 때로는 은둔이라는 방식을 사용하기도 합니다. 이런 경우 우울병이 있는 사람이 슬픔과 비애감을 호소하는 것과는 달리, 경계성 인격장애 환자는 강한 허무감을 호소합니다. 그 임상적인 사례를 들어보겠습니다.

J양은 현재 20세의 여자입니다. 고교 졸업 후 커피 기계 회사의 사무원으로 취직을 했습니다. 고등학교에 다닐 때까지 J양은 별로 눈에 띄지 않는 존재였고, 여학교였으므로 남성과 만날 기회도 없었습니다. 취직한 지 반년 후 거리에서 쇼핑을 하다가 우연히 모델을 해보지 않겠느냐는 제안을 받고 모델 학원에 등록

을 했습니다. 그러나 모델 일은 없었고, 비싼 등록금만 날렸습니다. 그곳에서 J양은 한 남자를 알게 되어 사귀었습니다.

그 남자는 정상적인 생활을 하는 사람이 아니었습니다. 아무런 직업이 없었기 때문에 J양이 남자를 먹여 살렸습니다. 그 남자는 J양이 다른 남자를 만나지 않고 혼자 살기를 원했습니다. 그래야만 자신이 마약을 할 수 있었기 때문입니다. 그리고 테이트 클럽(한국의 룸살롱과 같은 곳 -역주)에서 일하도록 때렸습니다. J양은 그 클럽에서 일하면서 몸을 팔았습니다. 그런 생활이 반년 이상 지속되다가 갑자기 그 남자는 아무런 이유 없이 J양을 떠났습니다.

J양은 무단 결근이 잦았습니다. 결국 그 클럽도 그만두게 되었습니다. 그후 J양은 다른 남자를 만났고, 아침부터 술을 마시고 계속해서 마약을 했습니다. J양의 말에 의하면 쓸쓸함이 온몸에 스며들어 어떻게 할 수가 없었다고 합니다.

부모님이 J양을 찾아내서 집으로 데려왔습니다. 하지만 그녀는 "이런 일이 생긴 것은 엄마가 나빠서 그렇다"라고 하면서 어머니를 괴롭혔습니다. 그런가 하면 어머니가 일을 못하게 방해한다고 하거나, "죽어버리겠다"고 말하면서 팔목을 긋는 자해 행동을 반복하여 병원에 오게 되었습니다.

진료한 지 반년이 지났지만, 아직도 손목을 긋는 자해 행동

을 종종 보입니다. 그리고 "부모의 양육이 나빠서 내가 이런 식
으로 되었다"라고 말하면서 계속 부모를 비난했습니다. 그렇지
만 면담은 계속 진행되었고, 조금씩 자신의 내면 상태를 드러내
는 이야기를 했습니다. 병원과 가족 이외에는 아무런 대인 관계
도 없습니다. 다만 쇼핑을 위해 잠깐 외출하는 정도입니다. 대부
분의 시간은 집에서 은둔하면서 보내고 있습니다.

| 경계성 인격장애 DSM-IV |

대인 관계, 자기애, 감정의 불안정성 및 충동성 등 광범위한 형태로
증세를 보인다. 성인기 초기에 시작하고, 여러 상황에서 분명하게 드
러난다. 아래의 5가지(또는 그 이상) 증세를 보인다.

❶ – 현실적으로 또는 상상 속에서 버림받는 것을 피하려고 비상할 정
　　도로 노력한다.

❷ – 이상화와 비하의 양극단에 동요됨을 특징으로 하는 불안정성과
　　격렬한 대인 관계 양식.

❸ – 동일성 장애, 지속적인 불안정한 자기상 또는 자기관.

❹ – 자기를 상처입힐 가능성이 있는 충동성을 적어도 두 가지 영역에
　　서 보인다(예, 낭비, 성행위, 약물 남용, 무모한 운전, 폭식).

❺ – 자살 행동, 자살 징후, 위협, 또는 자해 행동의 반복.

❻ − 현저한 기분 반응성에 의한 감정 불안정성(예, 통상적으로는 2~3시간

지속하고, 2~3일 이상 지속하는 경우는 드물다. 잠깐씩 강하게 일어나는 불쾌한 기

분, 초조함 또는 불안)

❼ − 만성적인 공허감.

❽ − 부적절하게 일어나는 격렬한 분노, 또는 분노 통제의 곤란함(예,

종종 신경질을 부리고, 항상 화가 나 있고, 싸움을 반복해서 일으킴).

❾ − 일과성의 망상 관념 또는 심각한 해리성 증상.

5 − 분열병적 인격장애

이것 역시 인격장애라는 큰 범주의 하위 분류 가운데 하나에 속합니다. 앞에서 언급한 정신분열증의 은둔 상태와 유사하지만, 망상 또는 환각은 없고, 고립된 사람이라는 인상을 줍니다.

전형적인 은둔형 외톨이와 비교해보면 분열병적 인격장애는 사회적 활동을 하고 있지 않는 것에 대해 그다지 고통스러워하지 않습니다. 물론 분열병적 인격장애 가운데는 현재의 상황에 불안을 느끼면서 앞으로 어떻게 살아야 하나 하고 고민하는 경우도 간혹 있긴 합니다. 그러나 대부분의 경우 그렇게 고통스럽게 받아들이지 않습니다. 간혹 고민을 하는 분열병적 인격장애는 좁은 의미의 은둔형 외톨이로 잘못 판단되어, 정신적인 도움을 받아야 하는 대상이 되기도 합니다.

이런 인격장애의 임상 사례를 살펴보겠습니다.

K군은 현재 25세의 남자입니다. 원래 혼자 있는 것을 좋아하고, 사람 앞에 나서지 못하는 성격이었습니다. 고교 졸업 후 자동차 영업을 했습니다. 그러나 원래의 성격도 있고 해서 영업을 잘 못했습니다. 상사에게 질책을 받고 나서는 자신감도 잃어버렸습니다. 마침내는 아침에 일어나는 것도 힘들어했습니다. 입사한 지 3개월 후부터는 무단으로 결근하기에 이르렀고 결국 회사를 그만두었습니다. 회사를 그만둔 이래 현재까지 7년간 집에서 은둔 생활을 하고 있습니다.

은둔하고 있던 처음 5년 동안, K군은 매일 집에 있으면서 자신이 좋아하는 컴퓨터를 하고 만화를 읽는 생활을 했습니다. K군은 이 생활을 그렇게 고통스럽게 받아들이지 않았습니다. 물론 외출도 전혀 하지 않았습니다. 부모가 외출을 억지로 시키려고 해도 K군은 너무 두려워서 밖으로 한 발짝도 나가지 못했습니다. 결국 이런 상태에서 벗어나기 위해 병원에 오게 되었습니다.

K군은 병원에 다닌 지 2년 정도 되었습니다. 지금도 은둔 생활을 하고 있긴 해도, 본인 스스로 이런 상태로 살면 안 된다는 것을 이해하기에 이르렀습니다. 면담은 주 1회 정기적으로 하고 있습니다. K군은 좁은 의미의 은둔형 외톨이에 해당됩니다. 스스로는 지금의 상태에 대해 그렇게 심한 고통을 느끼고 있지 않지만,

지속적인 면담을 진행해오는 동안 서서히 자신의 상태에 대한 통찰을 얻어가고 있습니다.

| 분열병적 인격장애 DSM-IV |

A — 사회적 관계에서 격리, 대인 관계 상황에서의 감정 표현 범위의 한정 등 광범위한 양식으로 성인기 초기에 시작하고, 여러 상황에서 분명히 나타난다. 아래의 증세들 가운데 4가지(또는 그 이상)를 나타낸다.

❶ - 가족을 포함하여 친밀한 관계를 갖고 싶다고 생각하지 않는다. 또는 그것을 즐거워하지 않는다.

❷ - 거의 항상 혼자 고립된 행동을 선택한다.

❸ - 타인과 성 관계를 맺는 것에 대해 흥미를 갖고 있다고 해도 그다지 크지 않다.

❹ - 즐거움을 느끼는 활동이 있다고 해도 그렇게 많지 않다.

❺ - 친형제 이외에는 친한 친구 또는 신뢰할 만한 친구가 없다.

❻ - 타인의 칭찬과 비판에 무관심해 보인다.

❼ - 정서적인 냉담함, 서먹함, 감정의 평탄함.

B — 정신분열병, 정신병 증상을 동반한 기분장애, 다른 정신병 장애, 또는 전반성 발달장애의 경과 중에 일어나는 것이 아니어야 하며, 일

반 신체질환의 직접적인 생리학적 작용에 의한 것이 아니어야 한다.

| 퇴각신경증 |

이것은 DSM-IV의 진단명은 아니지만, 은둔형 외톨이에 대해 언급할 때 종종 인용되는 병명이므로 여기서 약간 설명을 하겠다.

나고야 대학의 명예교수인 가키하라 요미시笠原嘉는 1970년대에서 1980년대에 걸쳐서 '퇴각신경증'이라는 새로운 임상 질환을 주장했다. 현재 일본에서 이 병명을 적극적으로 붙이는 곳은 아직 없으나, 일부의 정신과 의사들은 은둔형 외톨이에게 이 병명을 붙이기도 한다. 퇴각신경증은 다음 특징을 보인다.

❶ ─ 대학생 정도의 연령대에서 많이 나타나고, 남성이 많다.

❷ ─ 무관심, 무기력, 무쾌락, 삶의 의미 또는 목표, 진로 상실의 자각, 아이덴티티의 불확실함.

❸ ─ 불안, 초조, 우울, 고민, 후회 등의 고통을 동반하지 않기 때문에 스스로 치료를 받지 않는다.

❹ ─ 자기 자신의 상황에 심각한 갈등이 없고, 거기에서 나오려고 하는 노력도 없다.

❺ ─ 자기 자신이 이상한 인간이라는 자각이 없는 것은 아니다. 대인 관계에 민감하고, 비난받거나 거절당하는 것에 상처입기 쉽고,

확실히 자신이 받아들여지는 경우 이외에는 피한다.

❻ – 고통스런 체험은 내면적인 갈등과 연결되지 않고, 밖을 향해서 행동화되어서 무기력, 퇴각, 배반적인 행동으로 나타난다. 폭력과 자살 기도 등의 격렬한 행동은 적다.

❼ – 학업에 대한 무관심은 부분적이고, 아르바이트 등의 부업에 열중하는 경우가 많다.

❽ – 우열과 승부를 단념하고, 패배와 굴욕이 예상되는 장소는 피한다.

이상에서 DSM-IV에 열거되어 있는 진단명 가운데 좁은 의미의 은둔형 외톨이에게 붙일 가능성이 높은 진단을 제시해보았습니다.

이러한 것들이 은둔형 외톨이에게 붙일 수 있는 진단명의 전부는 아닙니다. 그러나 앞에서 열거한 것들이 보다 가능성이 높은 진단명이라고 생각합니다. 이들 진단명 중에서도 사회공포장애와 회피성 인격장애가 가장 가능성이 높은 진단명이라는 것을 밝혀둡니다.

제 2 장

은둔형 외톨이의 증상과 경과

은둔형 외톨이가 단순히 '게으름'이라는 의견은 완전히 넌센스라고 말하지 않을 수 없습니다. 단순히 게으름만으로 수년 동안 집에서 은둔하고 있다고는 도무지 상상이 안 됩니다. 건강한 사람이 아무것도 하지 않고 사회로부터 고립된 채 소외감을 느끼면서 그렇게 오랫동안 은둔할 수는 없습니다. 은둔형 외톨이는 은둔하고 있는 동안 상당히 초조해하며, 느끼는 것이라곤 고통뿐입니다. 그러므로 설사 은둔형 외톨이가 정신병은 아니라고 해도 무엇인가의 정신적 변화가 있는 것이고, 따라서 치료할 필요가 있는 '마음의병'이라고 생각합니다.

어디에서 어느 정도로 은둔하고 있는가에 대해서는 은둔형 외톨이의 수만큼 서로 다르고 다양합니다. 따라서 은둔형 외톨이 모두에게 공통되는 점은 없습니다. 그러나 은둔형 외톨이에게만 있는 독특한 또는 특유한 것이라고 생각되는 공간적 특징을 찾아보고자 합니다.

먼저 은둔형 외톨이의 은둔 상태와 정신분열병의 '자폐'는 다릅니다. 그 차이점이 은둔형 외톨이의 상태를 가장 단적으로 잘 보여주고 있다고 생각되기 때문에 그것에 대해 기술하려고 합니다.

정신분열병의 자폐는 거의 대부분 대인 관계를 끊는 특징을 보이면서, 자신만의 병적 세계에 빠져 있는 증상을 보입니다. 따라서 정신분열병 환자의 대인 관계는 반드시 자신의 병적 세계를 통해서 형성됩니다. 더구나 그에게는 이 세상이 아주 고통스러운 세계이기 때문에 자신만의 병적 세계 속에서 은둔하고 있는 것입니다. 설사 부모와 형제 같은 매우 가까운 사람일지라도, 그에게는 자신의 세계를 위협하는 존재가 될 수 있습니다. 그래서 거의 모든 대인 관계에서 물러나 있는 것입니다.

그것에 비해 은둔형 외톨이의 은둔 상태는 어디까지나 제한

적입니다. 그러나 제한적이라고 해도 그 상태는 각기 서로 다릅니다.

완전히 사회에서 물러나서 가족하고만 대화를 하는 사람, 가족조차와도 대화하지 않는 사람, 인터넷은 하는 사람, 인터넷의 내용들을 단지 읽기만 하는 사람, 채팅에 참가하는 사람 등 매우 다양합니다. 또 어떤 경우에는 은둔하면서도 인터넷 친구와 함께 오프라인의 모임에 참석하는가 하면, 낚시 친구의 모임에 참석하기도 합니다.

이렇게 서로 다르기는 하지만 그들은 제한적인 대인 관계를 갖습니다. 정신분열병 환자에게서 볼 수 있는 망상이 개입하여 대인 관계에 영향을 미치는 것은 아닙니다. 또한 정신분열병의 병적인 세계에서 사는 것도 아닙니다. 정신분열병의 환자가 '이 세상은 자신에게 위협적이다'라고 느끼고 있는 반면에, 은둔형 외톨이는 '왜 내가 이런 상태가 되어야 하는지 모르겠다'라고 느낍니다. 가장 흔한 은둔형 외톨이는 가족하고만 대인 관계를 갖고, 인터넷의 은둔형 외톨이 사이트에 들어가서 글들은 읽지만 채팅에는 참가하지 않습니다. 외출도 서점에 가거나 자신이 먹고 싶은 것을 사기 위해 밤중에 편의점에 가는 것이 고작입니다. 이런 정도가 전형적인 은둔형 외톨이의 패턴이라고 생각합니다.

　　은둔형 외톨이에게 밖의 세계는 '자신이 이해할 수 없는 장소'로 느껴집니다. 심지어 '세계가 자신을 따라오지 못한다'고 해석하는 사람조차 있습니다.

어느 정도 은둔하는가 

은둔형 외톨이의 은둔 기간에 대해서는 아직 통계적으로 나와 있는 것이 없습니다. 은둔형 외톨이라는 개념에 대해 활발하게 보고된 시기는 1995년 이후입니다. 그러므로 아직 은둔형 외톨이의 장기 추적 연구는 이루어지지 않고 있으며, 또한 예후에 대해서도 명확하게 이루어진 연구는 아직 나오고 있지 않습니다.

　　저는 대체로 6개월 이상 집에 은둔하고 있으면 은둔형 외톨이라고 부를 수 있다고 생각합니다. 6개월이라고 제가 말하는 이유는, 제가 진료한 은둔형 외톨이 환자들의 대부분이 은둔 생활 6개월을 초과한 이후부터, 이대로 가면 일생 동안 은둔하여 밖으로 나갈 수 없는 것은 아닐까 하고 심각하게 걱정을 시작하기 때문입니다. 6개월 이내에는 이런 걱정을 해도 막연한 경우가 많습니다. 따라서 그 기준을 일단 6개월로 잡는 것은 적절하다고 생각합니다.

　그리고 은둔하는 기간을 보면, 대체로 3년 이상 은둔하고 있다는 것을 알 수 있습니다. 저의 임상적 감각에서는 3년부터 늦어도 5년 이내에는 은둔형 외톨이에서 탈출을 시도해야만 한다고 생각합니다. 그 이유는 이전에는 한 세대의 사이클이 보통 10년 단위로 바뀌었지만, 지금처럼 가치관이 유동적인 시대에서는 5년이 하나의 세대 단위가 된다고 봅니다. 따라서 5년을 넘어서게 되면 사회의 가치관이 변화하여 사회 적응이 매우 힘들어지기 때문입니다. 제가 진료했던 은둔형 외톨이들도 모두 3년에서 5년 이내에 간단한 일을 시작하거나, 전문학교로 입학하곤 했습니다.

　그러나 현재까지는 5년을 초과해서 은둔 생활을 한 사람이라 하더라도 포기할 필요는 없습니다. 가족, 의사, 임상심리사, 사회사업가 등과 협력하여 지금의 자신을 서서히 변화시켜가면 됩니다. 금방 눈에 띄는 변화가 없더라도, 지속적으로 노력하면 반드시 현재의 생활을 변화시킬 수 있을 것입니다. 모든 문제를 한 사람이 해결해줄 것이라고 기대하지 말고, 신뢰하는 주윗분들에게 자신의 문제를 하나하나 상담해봅시다. 혼자 생각할 때보다 확실히 좋은 아이디어를 더 많이 얻게 될 것입니다.

　물론 한 살이라도 젊을 때 은둔형 외톨이에서 탈출하는 것이 무엇보다 좋겠지만, 30대 또는 40대라고 해도 포기해서는 안 됩니다. 자신이 젊은 시절에 기대했던 수준의 생활까지 회복되는 것은 어려울지 몰라도, 적어도 자신의 생활을 즐길 수 있는 수준 정도에 도달하는 것은 가능하다고 봅니다. 은둔형 외톨이의 괴로움과 부자유스러움을 극복하고 다시 태어날 수 있습니다. 그렇게 된다면 은둔형 외톨이들은 보통 사람들이 경험할 수 없는 독특한 경험을 한 셈이 됩니다. 이런 경험을 잘 살려서 다른 사람들을 도와줄 수도 있습니다. 은둔형 외톨이는 현재의 자신과는 다른 '자유로워진 자신'으로 다시 태어나고 변화할 수 있습니다.

마음의 병인가, 아니면 게으름인가

은둔형 외톨이가 단순히 '게으름'이라는 의견은 완전히 넌센스라고 말하지 않을 수 없습니다. 단순히 게으름만으로 수년 동안 집에서 은둔하고 있다고는 도무지 상상이 안 됩니다. 건강한 사람이 아무것도 하지 않고 사회로부터 고립된 채 소외감을 느끼면서 그렇게 오랫동안 은둔할 수는 없습니다. 은둔형 외톨이는 은둔하고 있는 동안 상당히 초조해하며, 느끼는 것이라곤 고통뿐입니다. 그러므로 설사 은둔형 외톨이가 정신병은 아니라고 해도 무엇인가의 정신적 변화가 있는 것이고, 따라서 치료할 필요가 있는 '마음의 병'이라고 생각합니다.

또한 실제로 정신과적인 치료가 잘 이루어져서 회복해 나가고 있는 많은 사례들이 있습니다. 정기적으로 면담을 받고, 서로 협력하여 치료가 잘 이루어지는 경우에 은둔형 외톨이는 확실히 개선됩니다.

은둔하게 된 계기는 없는가

은둔형 외톨이가 은둔하게 되는 계기는 은둔형 외톨이의 수만큼이나 매우 다양합니다. 계기가 되는 것은 여러 가지이지만, 콕 집어 이것 때문이라고 말할 만한 그런 계기는 없는 것 같습니다. 때로는 은둔형 외톨이가 말하는 계기들이 그후에 전개되는 은둔형 외톨이라는 중대한 사태와 비교하면 너무 사소하다는 느낌마저 들 때도 있습니다.

그래도 가장 많은 것은 역시 등교 거부에서 은둔형 외톨이로 발전하는 경우입니다. 등교 거부 아동 가운데서 은둔형 외톨이로 진행되는 경우는 약 30퍼센트 정도라고 합니다. 반대로 은둔형 외톨이의 원인이 등교 거부인 경우도 약 30퍼센트 정도라고 합니다.

한때 등교 거부를 했던 학생이라고 해도 중학교를 졸업하고 나서 5년 후부터는 약 80퍼센트 정도가 학교에 다니거나 직장을 가지면서 사회와 연결되어 있다고 후생노동성은 발표하고 있습니다. 그러나 이렇게 사회와 연결되지 못한 사람들은 은둔형 외톨이가 되어갈 가능성이 높다고 생각됩니다.

등교 거부 이외에 은둔의 계기가 되는 것은 실연, 취직, 전직, 시험의 실패, 직장의 실패 등이 있습니다. 그러나 장기간에 걸쳐 은둔형 외톨이로 지내면서도 그 계기가 무엇인지 가족도 본인도 자각을 못하는 수가 많습니다. 그러나 대부분은 인간관계의 좌절이 계기가 됩니다. 때로는 스스로 상상한 이상이 실현되지 못한 것이 계기가 되기도 합니다.

은둔형 외톨이와 등교 거부증은 다르다

등교 거부증과 은둔형 외톨이는 집에서 은둔한다는 점에서는 동일하게 보입니다. 은둔하는 것은 결코 바람직한 상태가 아니기 때문에 은둔에서 벗어나고 싶어합니다. 그리고 은둔하는 자체가 고통뿐이라는 것도 잘 압니다. 더욱이 등교 거부의 약 30퍼센트가 은둔형 외톨이로 이행된다는 연구 결과를 감안하면 등교 거부와 은둔형 외톨이의 유사성은 시사하는 바가 많습니다.

그러나 그 배경은 아주 다르다고 생각합니다. 그 이유는 '처음에' 서술한 바와 같이 저 자신의 경험에서 나온 것입니다. 저역시 등교 거부를 한 적이 있습니다. 등교 거부 때의 괴로웠던 자신과 정신과 의사로서 사회인이 된 지금의 자신을 비교하면, 현재의 저 자신이 좋습니다. 등교 거부 때 항상 느꼈던 어떤 압박 혹은 제약 같은 느낌과 그 당시 자신이 아무에게도 받아들여지지 않는다는 괴로움은 지금 없습니다.

따라서 사회로부터 격리되어서 두려움을 호소하는 은둔형 외톨이와 대화를 나누면서, 그들의 괴로움과 침통함을 이해하고 공감하는 것이 저는 가능합니다. 그러나 제가 등교 거부를 했던 이유하고는 다릅니다.

제가 등교 거부를 했을 때는 '나는 어떻게 태어났는가, 계속 살 의미가 있을까' 하는 사춘기적 고민을 했습니다. 그것은 제 자신이 학교 제도라는 속박을 견디지 못하고, 그것에 대한 무의식적 보상으로서 가치관의 흔들림이 생겼기 때문이라고 여겨집니다. 이런 혼란의 시기를 거치면서 저는 무가치하게 느껴지는 자신에게서 벗어나 사회에서 무엇인가 저의 가치를 살려내야만 한다고 생각했습니다. 실제로 사회에 나와서는 나름 제 모습대로 살아가고 있습니다.

한편 은둔형 외톨이의 경우는 사회에서 '자신이 살아갈 수 없다'고 느낍니다. 등교 거부를 하는 학생이 학교 제도의 속박을 혐오하는 것이라면, 은둔형 외톨이는 사회에서 살아가는 모든 인간관계를 기피하고 있는 것입니다.

등교 거부는 학교가 갖는 규범력의 저하에 의해 그 수가 증가하고 있다고 생각합니다. 불이 난 경우에도 교과서를 갖고 피하는 것이 진정한 학생의 의무라는 옛날식의 개념은 지금은 웃음거리밖에 안 됩니다. 이것은 학교의 규범력이 얼마나 낮아져 있는지를 잘 보여주는 예라고 생각합니다. 원래 학교 다니는 것을 괴로워하는 학생은 항상 일정수 있게 마련입니다. 그러나 이 규범력의 저하로 인해서 더욱더 등교 거부의 규모와 빈도가 증가하고 있습니다.

일본처럼 성숙된 사회에서는 생존 본능이 그렇게 필요하지 않기 때문에 은둔형 외톨이가 더욱더 증가할 수밖에 없습니다. 즉 성숙된 사회일수록 개인의 존재 의의가 희박해지고 개인이 꼭 있어야만 하는 장소가 모호해집니다. 원래 자신이 어디에 꼭 있어야 하는지를 아는 것은 쉬운 일이 아닙니다. 그러나 은둔형 외톨이는 이런 것을 아주 예민하게 받아들이고, 약간의 계기라도 생기면 자신은 기댈 곳이 없다고 생각하고 은둔해 버리는 것입니다.

등교 거부는 누구에게나 일어날 수 있습니다. 그와 마찬가지로 은둔형 외톨이도 누구에게나 일어날 수 있습니다.

대인 공포

은둔형 외톨이의 증상 중 가장 흔히 볼 수 있는 증상입니다. 은둔형 외톨이가 자신이 은둔하고 있는 것을 괴로워하고, 아무리 생각해도 그런 상태가 돼버린 이유를 이해할 수 없다고 해도, 은둔형 외톨이의 초기에는 반드시 대인 관계의 좌절을 경험합니다. 은둔형 외톨이의 과반수 이상은 원래 사람 앞에서 쉽게 긴장하고, 사람 사귀는 것이 서툴며, 대인 긴장이 높은 성향을 보입니다. 그러나 은둔형 외톨이의 30퍼센트는 은둔형 외톨이가 되고 나서 대인 공포를 보이는 사람들입니다.

이런 은둔형 외톨이에게는 F군의 경우와 같이 대개 사회공포장애라는 진단명을 붙입니다. F군은 은둔하면서 점점더 사람과 만나는 것을 두려워해서 가족 이외의 사람과는 대화를 하지 못합니다. F군은 가족과의 대화는 유지하고 있지만, 많은 은둔형 외톨이들은 가족을 포함한 모든 대인 관계에서 은둔하고 있습니다. 그래서 은둔 상태가 오래 지속되면 외부 세계에 대해서 매우 과민해져서, '주위 사람들이 자신을 망치고 있다'라는 피해망상이 생기는 경우도 있습니다.

또한 특정한 상황에 유독 서툰 사람도 있습니다. 예를 들면 동년배의 사람과 만나면 소외되는 기분이 들거나 비참하게 느껴져서 어떤 집단으로부터 위협받는 기분이 들 때처럼 특정한 상황에서 공포를 호소하는 사람도 있습니다.

원래는 사교적이고 친구들도 많았던 타입이 은둔형 외톨이가 되고 난 후에 대인 공포가 생기는 경우도 있습니다. 앞에서도 말했지만, 30퍼센트 정도의 은둔형 외톨이가 이에 해당됩니다. 이 경우도 전자와 거의 비슷하게 대인 관계의 좌절이 은둔을 시작하는 출발점이 됩니다. 일단 은둔이 시작되면 역시 모든 대인 관계에서 철수하여 외부 세계에 대해 공포감을 느끼게 됩니다. 그래서 점차로 자신감을 상실해가고, '자신은 살아 있어도 방법이 없다, 살아 있을 가치가 없는 인간이다'라고 심하게 자책하면서 자기 비하에 빠집니다.

이렇게 은둔형 외톨이의 대인 공포는 대인 과민, 피해망상, 자신감 상실, 자기 비하라는 특징을 갖습니다.

강박 증상은 사실이 아니라는 것을 잘 알면서도 반복적으로 생각되는 강박관념과 불필요한 행위를 반복하는 강박행위가 있습니다.

가장 흔히 볼 수 있는 강박관념은 더러움과 병원균의 오염에 대한 것입니다. 환자들은 문의 손잡이, 전기 스위치, 신문, 도로의 오물 등의 오염원을 피하고자 합니다. 씻고 또 씻는 것은 이에 수반되는 강박행위입니다. 환자들은 손 씻기, 샤워, 청소에 매일 몇 시간씩 소비합니다.

다음으로 눈에 띄는 강박 증상의 특징은 확인하는 버릇입니다. 환자들은 의심을 갖고 주의 깊게 확인하지 않으면, 타인에게 해를 입히게 될까 봐 전전긍긍하면서 계속해서 확인하는 것을 반복합니다. 그러나 아무리 확인해도 의심은 해소되지 않고, 반복적인 확인은 더 큰 의심을 불러일으켜서 또 확인하게 됩니다. 그 결과 환자들은 정확하고 충분하게 확인된 것을 보증하기 위해 가족과 친구들에게 도움을 구합니다. 그들은 곧바로 그 의심을 해소시켜주지만, 결국은 이전의 의심이 다시 새로운 것으로 대치되어버립니다.

흔히 있는 예로서 문을 열쇠로 제대로 잠갔는지 불안하기 때문에 반복해서 확인하는 경우입니다. 또한 불이 날까 봐 자꾸 염려되어서 가스불의 스위치를 확인하느라 외출도 할 수 없게 됩니다. 그리고 운전중에 자신도 모르게 누군가에게 상처를 입힌 것이 아닐까 하는 불안감에 장애물이 조금이라도 있는 경우엔 몇 번이나 돌아가기를 반복하면서 확인합니다.

오염과 확인 등의 강박 증상에 의한 정신장애를 강박장애라고 부릅니다. 근래의 연구에 의하면 인구당 2.6퍼센트의 강박장애가 생긴다고 하는데 상당히 높은 유병율입니다.

은둔형 외톨이는 제1장에서 언급한 바와 같이 강박장애라는 진단을 붙일 수는 없습니다. 그러나 강박 증상은 은둔형 외톨이의 약 과반수에서 발견되고 있고, 흔히 볼 수 있는 증상입니다. 그 이유는 은둔형 외톨이의 상당수가 은둔하고 있기 때문입니다. 더군다나 장기간에 걸친 은둔으로 인해 그들의 관심이 내적 세계에 집중된 탓에, 모든 것을 자신을 둘러싼 주위의 좁은 세계 안에 국한시켜 바라보기 때문에 시야가 매우 좁습니다.

강박장애의 환자들은 종종 주위에 대해 공격적인 행동을 보이는데, 그와 마찬가지로 은둔형 외톨이도 그런 행동을 보입니다. 예를 들면 오염된 것에 대한 공포와 공격성이 결합되면, 가족의 손이 닿은 물건들은 절대로 만지지 않습니다. 그리고 자신의 물건에도 가족이 절대로 손을 못 대게 하고, 만지려고 하면 폭력을 행사하기도 합니다.

게다가 강박장애의 환자는 자신의 몸이 더러울지도 모른다는 생각에 목욕탕에 가고 싶어하지만, 가지를 못합니다. 또한 더러움을 두려워하면서도 정작 자신의 방은 어지러운 경우도 많습니다. 그 이유는 그렇게 하려면 몇 번이고 몸을 씻지 않으면 안 되고, 방을 이쪽 끝에서 저쪽 끝까지 깨끗한지 그렇지 않은지 확인하지 않으면 안 되기 때문입니다.

결국은 엄청난 소모전이 돼버려 자신도 감당할 수 없는 지경에 이르고 맙니다. 이것을 잘 알고 있기 때문에 불결한 상태 그대로 두는 것입니다.

은둔형 외톨이의 강박 증상의 경우 방이 더럽혀져 있는 경우는 많지만, 목욕을 할 수 없을 정도로 심한 경우는 그렇게 많지 않습니다. 이런 점을 보면 은둔형 외톨이의 강박 증상은 비교적 가볍다고 생각됩니다. 또한 은둔형 외톨이의 강박 증상은 대개는 은둔형 외톨이를 탈출하는 시점에 사라집니다.

오염과 마찬가지로 은둔형 외톨이의 확인이 공격성과 연결되면 가족을 괴롭히게 됩니다. 가족에게 확인하기 위해 가족을 계속 못살게 굽니다. 방에 놓인 가구의 위치도 꼭 그 자리에 두라고 강요합니다. 또한 식사와 목욕 시간도 일분일초의 오차도 없이 시행하라고 강요합니다. 만약 가족이 그것을 거부하면 쉽게 폭력으로 이어집니다. 은둔형 외톨이의 경우, 오염과 확인의 강박 증상들은 대부분 은둔이 그 원인이 되어 생기는 경우가 많습니다. 이런 강박 증상들은 대개 은둔형 외톨이에서 탈출할 때는 거의 없어집니다. 그러나 그것이 일단 공격성으로 연결되어버리면, 가족을 괴롭히면서 결국은 가족 내 폭력으로 발전하여 힘든 사태가 벌어집니다.

주야 역전 현상

모든 사람이 주야 역전을 경험해본 적이 있을 겁니다. 특히나 여름 휴가처럼 긴 휴가를 보낼 때 그렇습니다. 낮에 특별한 일 없이 빈둥거리다 보니 밤에 잠자리에 드는 시간이 점점 늦어져 아침 늦게까지 자고 점심때쯤 일어나서 이런저런 일을 합니다. 이렇게 아무것도 하지 않고 집에 있으면, 자연히 아침 저녁이 바뀌는 생활이 되어갑니다. 따라서 은둔형 외톨이가 낮에 외출하지 않고 텔레비전, 독서, 게임 등을 하면서 하루를 보내게 되면, 많은 사람들이 경험하는 바와 같이 점차로 주야 역전 현상이 일어납니다.

대부분의 사람들은 주야 역전 현상이 일어나도 휴가 기간이 끝나서 학교나 회사로 다시 돌아가면, 낮에는 긴장 상태로 지내게 되고, 밤에는 피곤해서 편안하게 잠을 자게 됩니다. 이것이 일반적인 현상입니다. 그러나 은둔형 외톨이는 긴장 상태로 생활하는 것 자체를 매우 고통스러워하기 때문에, 낮에 외출하는 일은 거의 없습니다. 그 결과 대부분 주야 역전 현상에 봉착하게 됩니다.

더욱이 은둔형 외톨이의 은둔은 원해서 그런다기보다 바깥 세계에서 배제되어버렸다는 불안감에 기인하기 때문에 보통 사람들이 낮에 활동하고 다니는 그 현실을 잘 받아들이지 못합니다. 낮에 아무것도 하지 않으면서 그 현실을 눈으로 바라보는 것은 은둔형 외톨이에게 엄청난 고통을 줄 뿐더러 그것을 계속해서 견디는 것도 불가능해 보입니다. 이런 심리적 요인도 은둔형 외톨이의 주야 역전 현상을 조장하는 것이라고 생각됩니다.

은둔형 외톨이는 대부분 주야 역전 현상을 겪게 됩니다. 결국 새벽에 취침하여 낮에 기상하는 생활을 하게 됩니다.

가정 내 폭력

가정 내 폭력은 은둔형 외톨이의 약 과반수에서 볼 수 있습니다. 상당히 높은 비율이라는 것을 알 수 있습니다. 그러나 이런 폭력 현상은 가정 이외의 장소에서는 거의 일어나지 않습니다. 은둔형 외톨이들은 자신들이 받아들일 수 없는 괴로운 체험을 하고 있습니다. 그렇기 때문에 그들은 채워질 수 없는 좌절에 가득 차 있습니다.

가정 내 폭력은 특히 어머니에게로 향하는 경우가 많습니다. 그러나 외부 세계는 은둔형 외톨이에게 매우 위협적이기 때문에 외부 세계를 향해서 폭력을 행사하는 일은 원리적으로 있을 수 없습니다. 그리고 실제로 외부 세계를 향해서 일어나는 폭력은 거의 없습니다.

여기에서 가정 내 폭력의 전형적인 사례를 보여드리겠습니다.

L군은 현재 25세의 남자입니다. 고교 졸업 후 자신이 살고 있는 지역의 가전 판매점에서 일을 했습니다. 어느 날 상사에게 질책을 받은 것이 계기가 되어 아침 일찍 일어나지 못하고 종종 지각하게 되었습니다. 그런 후 얼마 지나지 않아서 다시 상사에게 주의를 받았습니다.

그 일이 있고 난 후 그는 도저히 일하러 갈 수가 없었습니다.

결국 입사한 지 1년 반쯤 지나서 회사를 그만두었습니다. 그후 현재까지 5년간 집에서 은둔하고 있습니다.

23세 무렵 반년 정도 병원에서 면담을 받았지만, 현재 본인은 통원 치료를 하고 있지 않습니다. 그 대신 부모가 면담을 하러 주 1회 정도 오고, 가끔씩 은둔형 외톨이의 부모 모임에 나가고 있습니다.

L군은 정기적으로 1회 한 시간 정도의 면담을 했습니다. 면담을 할 때는 주로 자신의 장래에 대한 불안, 부모의 양육 방식, 사회에 나갈 수 없는 초조감에 대해 이야기했습니다. 자신과 같은 은둔형 외톨이와 이야기를 나누고 싶다는 희망도 갖고 있었지만, 마지막에는 이런 면담을 받아도 아무런 변화가 없다, 시간이 아깝다고 하면서 면담을 중단했습니다. 중단 후 1년간 진료를 받으러 오지 않았습니다.

면담을 받고 있는 동안에도 초조감을 심하게 느껴서 진료실에서는 항상 긴장감을 나타내 보였습니다. 집에서는 매일 그러지는 않았지만 상을 차고, 소리를 지르면서 식기 유리를 깨고, 마음에 들지 않으면 식사를 전부 쓰레기통에 던져버리는 등 난폭한 행동을 했습니다.

그런데 어느 날 칼을 갖고 어머니에게 칼부림을 하여 말리려고 들어온 아버지를 때리는 일이 발생했습니다. 이렇게 폭력 행사를 하고 나서는 가족과 전혀 접촉하지 않고 틀어박혀 있었습니다. 가족은 경찰에 연락했습니다. 그는 경찰이 출동한 모습을 보는 것만으로도 더 이상의 난폭한 행동을 하지는 않았습니다. 결국 경찰은 돌아가고, 부모는 두려워서 집에서 자지 못하고 친척집에 머물렀습니다.

그후 1개월 동안 조금 안정이 되었지만, 다시 흥분하면서 큰 소리를 지르고 부모에게 빨리 죽으라는 등의 편지를 보내곤 했습니다. 또한 자주 식기와 문고리를 부쉈고, 자신이 원하는 것을 부모에게 사오게 해서는 그 물건이 마음에 들지 않으면 버리는 등의 행동을 계속했습니다.

그뿐만 아니라 어머니를 때리기도 했습니다. 그래서 어머니는 1개월 동안 친정에 도피하기도 했습니다. 그러는 사이 다시 안정을 취하긴 했지만, 시간이 지나면 또 폭력을 사용했습니다. 이런 상태가 현재까지 반복되고 있습니다.

L군과 같은 경우가 전형적인 은둔형 외톨이의 가정 내 폭력으로 생각됩니다. 즉 집에서 기물을 부수고, 큰 소리를 지르고, 부모에게 폭력을 휘두르고, 어머니를 자신의 뜻대로 부려먹습니다.

그러나 은둔형 외톨이들은 외부 세계의 사람에게는 폭력을 행사하지 않습니다. 그들은 슬픔을 마음에 품고 있어서 폭력이라는 수단을 행사하는 것입니다.

L군도 그렇지만, 은둔형 외톨이는 유소년기에 반항기조차 없고 온순해서 나무랄 데 없는 사람이 많습니다. 부모로서는 그러했던 아이가 은둔형 외톨이가 되어서 더욱이 가정 내 폭력까지 행사할 정도로 진전되어가는 것을 보면 절로 탄식이 나오지 않을 수 없습니다. 아무런 대책 없이 멍하니 바라보고만 있을 수밖에 없는 상황도 흔히 벌어집니다. 그러나 이런 식으로는 호전도 없고, 은둔형 외톨이 본인과 가족에게 장래에 대한 어떤 희망도 주지 못합니다.

가정 내에서 폭력이 일어날 경우 가족이 어떻게 대응해야 할지에 대해서는 제5장에서 서술할 것입니다.

피해망상

저에게는 현재 신문사에서 매일 바쁘게 일하는 친구 하나가 있습니다. 그가 대학에 입학하기 전에 3년간 재수생 생활을 할 때였습니다.

학원에 다니고 있던 2년 동안은 혼자서 생활하면서 보통 학생들과 다름없이 생활을 했습니다. 그러나 3년째는 학원에도 나타나지 않고 틀어박혀서 거의 누구와도 대화를 하지 않는 생활을 보냈습니다.

제가 가끔 그의 하숙집을 방문하면, 그는 제가 있는데도 큰소리로 혼자서 뭐라뭐라고 중얼거렸습니다. 그 자신은 별로 의식하지 않는 듯이 보였지만, 그 당시에 저는 상당히 이질감을 느끼곤 했던 기억이 있습니다.

그리고 옆집 사람이 고의로 시끄럽게 하고 자신에게 싫은 행동을 한다는 둥의 내용을 나에게 호소했습니다. 저는 그의 하숙집에 함께 지내면서 그의 이야기가 맞는지 확인해보았지만, 저에게는 그 소리가 통상 있는 생활 소음 정도로밖에는 들리지 않았습니다. 그가 불만을 터뜨렸던 소리를 저는 듣지 못했습니다. 그후에도 그는 이웃 사람들에 대해 불평을 계속 해댔지만, 싸움으로 번지는 일은 없었습니다.

그러던 그가 대학에 합격하고 난 후에는, 하숙집을 바꾸고 학생으로서의 본분에 맞게 즐겁게 생활을 했습니다. 그러고 나서부터는 저와 만나서도 혼자말을 하지 않았습니다. 더욱이 망상 같은 것은 완전히 없어졌습니다. 그리고 현재까지도 그런 증상은 전혀 나타나지 않았습니다. 제 친구의 경우처럼, 급박하게 몰리는 상황에서 다른 사람과 대화를 주고받는 일이 없게 되면, 혼자말과 피해망상과 같은 증상이 상황 발생적으로 일어나기도 합니다.

　이런 현상이 은둔형 외톨이에게도 일어난다고 생각됩니다. 제1장에서 서술한 정신분열병의 망상은 우리에게 이해 불가능한 내용을 담고 있는 경우가 많습니다. 정신의학 용어에서는 이 것을 '요해불능'이라고 합니다.

　이 점이 은둔형 외톨이의 상황 발생적인 피해망상과의 차이점이라고 생각합니다. 그리고 은둔형 외톨이가 은둔형 외톨이에서 탈출하여 사회로 복귀할 때는, 아마도 제 친구의 경우처럼 피해망상은 사라질 것입니다.

　따라서 20퍼센트의 은둔형 외톨이에게서 나타나는 피해망상을 보인다고 해도 당황할 필요가 없습니다. 은둔형 외톨이에서 탈출하는 데 마음을 기울이면 되는 것입니다.

우울 상태

우울 상태라는 단어를 들으면 제일 먼저 머리에 떠오르는 것이 우울병이라고 생각합니다. 그러나 우울병의 우울과 은둔형 외톨이의 우울은 명백한 차이가 있습니다.

　그 둘의 큰 차이점은 부정적인 에너지로 향하는 방향에 있습

니다. 즉 우울병은 비애감, 불안감, 의욕 저하 등의 억제적 증상
이 주를 이룹니다. 끙끙거리면서 생각하고 울적한 기분이 계속
되는데, 그러다 보면 부정적인 에너지가 안으로 향하여 속이 곪
는 것입니다.

하지만 은둔형 외톨이의 우울은 그것과는 달리 초조감, 절망
감, 죄책감 등 현재의 자신의 상황에 대한 갈등에서 기인합니다.
따라서 자신에게 어떻게 해야 좋을지를 모르고, 어떻게 해서 이
렇게 돼버렸는지 알 수 없는 곤혹감에서 오는 상태가 지속되는
경우에 우울 증상이 나타납니다.

은둔형 외톨이는 어떻게든 자신의 상태를 변화시켜서 사회
참여를 하고 싶어하는 에너지가 있습니다. 그 에너지가 외부로
향함에도 불구하고, 결과적으로는 내면으로 파고들어 은둔하게
되는 것입니다.

은둔형 외톨이는 자신의 상태에 곤혹스러워하고 괴로워하고
있는 것입니다. 당연히 사회의 일원으로 생활하기를 기대되는
연령이지만 참여를 못하고 있는 것입니다. 그리하여 자신에게
도 어떻게 할 수 없는 초조감에 사로잡히고, 절망감과 죄책감에
시달리며 공허한 감각에 지배당하고 있는 것입니다. 이것이 은
둔형 외톨이의 우울입니다. 이것은 그들이 놓인 상황을 고려하
면 어느 정도 이해할 수 있습니다. 그러므로 우울병의 우울과는

근본적으로 완전히 다른 것입니다.

어린아이로 돌아감

어린아이로 돌아가는 현상을 정신분석학적 용어로는 퇴행이라고 부릅니다.

은둔형 외톨이의 퇴행은 부모에 대한 의존적 태도와 유아적인 언행으로 나타납니다. 퇴행이 나타나는 은둔형 외톨이는 대략 세 명 가운데 한 명 정도라고 합니다.

전형적인 퇴행의 예로 여기서는 M양을 임상 사례로 들고 싶습니다. M양은 현재 23세의 여자입니다. 고교 졸업 후 자신의 고향 슈퍼에 취직했습니다.

원래 M양은 낯가림이 심한데다 연장자와 말하는 것을 어려워했습니다. 취직 후 1년이 지나면서 점차 직장 상사와 사이가 좋지 않았고, 그로 인해 점점 고립되어갔습니다. 더욱이 당시 사귀던 남자와도 이별의 조짐을 보이고 있어서 정신적으로 불안정한 상태였습니다. 결국 회사를 그만두었습니다.

퇴직 후에는 더욱더 정신적으로 불안정해져서 정신과를 방문해서 상담했고, 약 1년 정도 통원치료를 하고 있습니다.

M양의 현재 일상을 자세히 살펴보면 항상 어머니과 단둘이 지내고, 어딜 가든지 늘 같이 다닙니다. 어머니의 관심은 온통 무남독녀인 M양에게 집중되어 있습니다. 아버지도 함께 살고 있지만, 아버지에 대한 이야기는 거의 하지 않습니다. M양은 4년 동안 은둔하고 있지만, 쇼핑을 하고 영화를 보러 다닐 수 있습니다. 심리 면담을 심리사에게 매주 받고 있습니다.

처음 면담을 할 때는 진료실에 혼자 들어오는 것조차 불가능했습니다. 어머니와 같이 합석해서 면담을 받지 않으면 불안해서 어쩔 줄 몰라했습니다. 집에서는 대부분의 시간을 두 사람이 함께했습니다.

어머니에 대한 태도는 의존성과 공격성이 함께 뒤섞여 있어서, 어떤 때는 아주 어린아이처럼 어리광을 피우다가도, 어떤 때는 "어째서 나를 이런 식으로 키웠냐", "이런 식으로 된 것은 당신 탓이야"라는 식으로 화를 내기도 했습니다. 그러나 지금은 혼자서 면담을 받고 있습니다. 어머니와의 관계가 크게 변화된 것은 아니지만, 감정의 기복은 조금씩 줄어들고 있습니다.

M양이 어머니에게 보이는 이런 태도가 퇴행에 해당됩니다. 유아적인 의존적 태도도 공격적 언동도 퇴행입니다. 은둔형 외톨이의 약 삼분의 일에서 이런 퇴행을 볼 수 있습니다. 평범하게 살고 있는 우리들도 가장 친밀한 관계, 예를 들면 연인 사이에서

는 누구든지 의존성과 공격성이 교차해서 일어납니다. 그렇게 볼 때 은둔형 외톨이의 돈독한 모자 관계 속에서 퇴행이 일어나는 것은 너무나 당연한 일일지도 모릅니다.

퇴행의 가장 나쁜 면은 퇴행이 곧 가정 내 폭력으로 발전한다는 것입니다. 퇴행의 공격적 언동이 폭력으로 연결되는 것입니다. 폭력이 일어난 다음엔 다소 친밀한 시간이 오기도 합니다.

은둔형 외톨이의 퇴행은 은둔에서 완전히 벗어나는 시기에 사라지게 됩니다. M양도 마찬가지였습니다.

자살

은둔형 외톨이는 '죽고 싶다, 더 이상 살아 있을 이유가 없다, 평생 이렇게밖에 살 수 없는가, 주위에 폐만 끼치고 있다'라는 등등의 절망감에 사로잡혀 있는 경우가 많습니다. 약 과반수의 은둔형 외톨이가 자살 충동과 자살 걱정을 호소합니다. 실제로 자살 기도를 하는 은둔형 외톨이도 삼분의 일 정도 됩니다. 물론 은둔형 외톨이에서 벗어나면 자살 충동도 줄어듭니다. 그러나 진짜 자살을 기도해서 사망하는 경우도 있으므로 가족은 주의를 기울일 필요가 있습니다.

여기에서 또 한 번 주의깊게 봐야 하는 것은 은둔형 외톨이에게 '왕따'의 경험이 있는가 하는 점입니다.

왕따 경험이 있는 경우는 자살 충동의 위험이 더 높은 경향이 있습니다. 왕따가 있었던 경우, 은둔형 외톨이의 자살 충동은 약 과반수에 이릅니다. 왕따는 그들에게 너무나 괴롭고 잔인한 경험이라는 것을 알 수 있습니다.

사회 복귀

은둔형 외톨이의 사회 복귀에 대한 지식은 완전하지 않습니다. 그 원인은 은둔형 외톨이의 개념이 아직까지 확립되지 않은데다, '사회적' 은둔형 외톨이 또는 '비정신병' 은둔형 외톨이라는 명칭이 1995년경까지는 없었던 데 있습니다.

사회 복귀를 한마디로 일자리가 있어야 한다는 식으로 표현하는 것은 어폐가 있다고 생각합니다. 일하지 않아도 가정 내에서 자립하여 생활을 한다면, 사회 복귀라고 말해야 합니다. 또한 소호 같은 형태로 독립적인 생활을 하고 있다면, 그것 또한 사회 복귀라고 해야 할 것입니다.

은둔형 외톨이가 은둔에서 탈출할 때는 대개 통상적인 단계를 밟습니다. 집에서도 완전히 은둔해서 가족과 말 한마디 하지 않는 은둔형 외톨이는 가장 먼저 가족과 어떤 형태로든 간에 대화를 가짐으로써 탈출을 시도해야 합니다. 그러나 가족과 대화가 가능한 사람은 가족 이외의 누군가와 연결을 가지는 것이 사회 복귀의 시작입니다. 물론 은둔형 외톨이는 인간관계가 힘들어서 생긴 현상이기 때문에, 이것을 극복하는 것은 대단히 어려운 일입니다. 그러나 현실적인 인간관계 없이 은둔에서 탈출하는 것은 생각할 수 없습니다.

은둔형 외톨이가 갑자기 일을 하는 것은 불가능합니다. 우선은 강제력이 덜하거나, 도망갈 수 있는 장소가 확보되어 있는 일들이어야 합니다. 예를 들면 가벼운 아르바이트나, 컴퓨터 교육, 또는 요리 교실에 참가하는 식으로 쉽게 참여가 가능한 취미 같은 사회 활동이 필요합니다.

또한 대인 관계 능력을 익히는 방법으로서 의료 기관의 면담과 낮 병원을 이용하는 방법도 있습니다. 은둔형 외톨이의 자조自助 그룹과 같은 모임에 참가하는 것도 좋은 방법이라고 생각합니다.

한편 가족은 의료 기관의 부모 그룹과 재활 그룹의 도움을 받아 대응해야 합니다. 그리고 지역의 정신보건복지센터와 보건소의 은둔형 외톨이 그룹도 이용하면 본인과 가족에게 도움이 될 것이라고 생각합니다.

사회 복귀를 위한 구체적 방안은 제4장과 제5장에서 자세히 설명하겠습니다.

제 3 장

은둔형 외톨이의 사회적 배경

일본 사회처럼 일정한 성숙을 이룬 사회에서는 한 개인이 자신의 존재 의의를 찾아가기는 어렵습니다. 내가 이 사회에서 살아가야 하는 의미 있는 이유를 찾아나가고, 또한 살아가고자 하는 동기 부여를 모색하는 것은 일본 사회에서는 쉬운 일이 아닙니다. 따라서 삶이 지닌 본능적인 의미를 추구하는 것 자체가 흔들리게 됩니다. 이것이 은둔형 외톨이라는 인간을 출현시키는 배경이 되기도 합니다.

내일은 오늘보다 나쁠 것이다

'서문'에서 서술한 바와 같이 본서의 편집자에게서 '이전에는 지금의 생활이 아무리 힘들어도 내일은 오늘보다 틀림없이 나을 것이라는 희망을 갖고 살았다. 그러나 지금의 일본은 아무리 생각해도 그런 것 같지 않다. 오히려 내일은 더 나빠질 것만 같은 생각이 든다. 우리 세대야 언제 죽어도 상관없다고 하겠지만, 내일의 희망이 없는 삶은 너무 힘들다'라는 이야기를 들었습니다.

이 이야기는 저에게 매우 흥미롭게 들렸습니다.

저는 1960년에 태어났습니다. 지금은 죽은 단어가 돼버렸지만 '신인류'라고 불렸던 최초의 세대였고, 고도 성장기의 자식으로 불렸습니다.

그후 저의 어린 시절은 지금처럼 물질이 풍부하게 넘쳐났던 것은 아니지만, 전후 시대처럼 빈곤에 허덕이면서 먹을 것에 매달렸던 기억은 없습니다. 당시의 젊은 세대를 표현하면, 이것도 역시 죽은 단어가 돼버렸지만 '시든 세대'라는 말이 있었습니다. 우리들은 삼무주의, 즉 무기력, 무관심, 무감동한 젊은이들로 불렸습니다.

당시를 기억해보면 그때 우리들은 자신들의 장래에 대해서 심각할 정도로 불안감을 느끼지 않았고, 일본이라는 큰 배에 올

라타서 적지만 뭔가 자신의 역할을 꾸준히 해나가고 있다는 생각을 막연하게나마 했던 인상이 남아 있습니다.

그러나 지금은 편집자의 이야기처럼 내일은 분명히 오늘보다 나쁠 것이라고 생각할 정도로 사회가 전반적으로 어둡고, 희망적인 예측을 기대하기가 어려운 분위기입니다. 사회에 참여해도 희망이 보이지 않는다면, 참여하는 의미가 없어지게 됩니다. 이것이 사회에서 물러나서 자신만의 세계로 파고 들어가는 사람들의 수가 증가하는 하나의 원인이라고 생각합니다.

앞장에서 서술한 바와 같이 은둔형 외톨이에 대한 보고는 1995년 이후에 급증하고 있습니다. 그때까지는 1980년경부터 보고되기 시작한 스튜던트 애퍼시Student Apathy | 퇴각신경증라는 개념에 주로 관심을 보이고 있었습니다. 이것을 조금더 자세하게 설명해 드리겠습니다.

스튜던트 애퍼시는 말 그대로 대학생의 무기력함과 정서 불안, 즉 안정된 직업에 대한 불안을 말해주고 있습니다. 그 당시에 학생들 가운데는 이런 불안을 회피하는 방법으로서 프리터와 같은 고정되지 않은 아르바이트를 계속하거나 학교에서 계속 유급을 당하면서 취직하는 것을 포기하고 학생으로 머물려고 하는 사람들도 나타났습니다.

이 스튜던트 애퍼시는 저의 대학생 시절에 흔히 보고되었던 현상입니다. 앞에서 이미 말했듯이 우리 세대의 무기력한 젊은이 풍조를 배경으로 하고 있었습니다. 그래도 우리 세대는 프리터일지언정 어떤 형태로든 사회에 참여하고 있었지, 사회에서 완전히 물러났던 것은 아닙니다. 사회에 대해 대단한 것을 기대하지는 않았지만, 뭔가 이루어질 거라는 환상은 존재했습니다.

제 자신의 경험을 말하면, 초·중학교 시절 학교에 가기만 하면 원인을 알 수 없는 두통과 복통으로 시달렸습니다. 지금은 그 원인이 학교 가는 것이 너무나 괴로웠기 때문에 일어난 증상이라는 걸 잘 이해하고 있지만, 당시에는 아무것도 이해할 수 없었습니다. 그리고 저는 고교 시절에도 등교를 하지 않고 학교를 거부했습니다. 대학 시절 역시 그렇게 성실한 학생은 아니었습니다.

아마도 저는 무엇인가를 하지 않으면 안 된다는 압박감으로 상당히 괴로워했던 것 같습니다. 제 경우처럼 그런 압박감으로 괴로워하는 학생은 어느 시대에나 일정수는 항상 존재하기 마련입니다. 저 같은 학생이 등교하기 위해서는 학교에 그만큼의 흡인력이 있어야 한다고 생각합니다. 초등학교와 중학교 시절에는 그것이 있었습니다. 그러나 고등학교 시절에는 그것이 희미해지면서 학교를 거부했다는 생각이 듭니다.

한편 은둔형 외톨이들의 경우는 압박감과 구속감으로 괴로워하는 것보다도 대인 관계가 괴로워서 사회에서 완전히 물러

난 것입니다. 그들은 은둔하고 있어도 과대망상을 품고 살아가는 경우가 많습니다. 여기에서 빠져나가고 싶어도, 그들의 환상과 현실 세계의 절충은 절대로 이루어지지 않습니다. 때문에 그들은 은둔을 계속하는 것입니다.

현대 일본은 물질이 넘쳐나고 있습니다. 은둔형 외톨이들이 의식하고 있을지는 모르겠습니다만, 살아가기 위해서 굳이 사회에 나와서 참여할 필요가 없습니다. 저는 은둔형 외톨이들이 '보통의 인간으로 살아가는 것'을 아주 싫어하는 인간이 아닐까 하는 생각을 합니다. 물론 그들은 '그런 것은 아니다'라고 말할 것입니다. 그러나 일본 사회처럼 일정한 성숙을 이룬 사회에서는 한 개인이 자신의 존재 의의를 찾아가기는 어렵습니다. 내가 이 사회에서 살아가야 하는 의미 있는 이유를 찾아나가고, 또한 살아가고자 하는 동기 부여를 모색하는 것은 일본 사회에서는 쉬운 일이 아닙니다. 따라서 삶이 지닌 본능적인 의미를 추구하는 것 자체가 흔들리게 됩니다. 이것이 은둔형 외톨이라는 인간을 출현시키는 배경이 되기도 합니다.

일본에서는 희망만 없다

이 문장은 무라카미 류 씨의 《희망 나라의 엑소더스》라는 책 속에서 인용한 것입니다. 이 책에서 학교 가기를 거부하는 어린이들이 일본의 현재 상황을 가리켜, "이 나라에서 희망이 보이는 곳은 아무 데도 없다"라고 말합니다. 마침내 그들은 자신들의 국가를 만들어낸다는 식으로 이야기가 전개되어갑니다. 이런 상황은 은둔형 외톨이가 실제로 느끼는 것이라고 저는 생각합니다.

그럼 일본을 탈출하면 문제가 해결되느냐 하면 그런 것도 아닙니다. 은둔형 외톨이는 자신이 은둔하게 돼버린 이유를 모르기 때문에, 일본 밖에서도 계속 은둔할 수밖에 없을 것입니다.

그러면 어떻게 해야 좋은 것일까요?

은둔형 외톨이는 현실에서 극적인 변화를 바라고 있는 경우가 많지만, 결코 그런 일은 일어나지 않습니다. 우리는 설령 미래에 희망하는 대로 실현되지 않는다고 해도, 매일 똑같은 일상을 반복합니다. 그렇지만 그 나름대로의 즐거움을 발견하면서 살아갑니다. 예를 들면 '이 일이 끝나면 여행을 갈 수 있겠지'라고 생각합니다. 또는 일하는 틈틈이 자격증을 따기 위해 공부하면서도 경력을 올려야겠다는 목표를 설정해서 살아가게 됩니다. 이보다 더 사소한 작은 것들, 이를테면 데이트를 하거나 텔

레비전 프로를 즐겁게 보는 것도 우리를 격려해줍니다.

그러나 은둔형 외톨이에게는 이런 것들이 이해되지 않습니다. 아주 조그맣고 사소한 것이 실제로 살아가는 데는 매우 중요합니다. 그런데 은둔형 외톨이에게는 '이 나라에서는 희망만이 없다'라는 막연한 감각이 압도적인 현실이 되어 압박해오는 것입니다. 때문에 그들은 이런 현실을 타파하기 위해 고매한 이상을 그리지 않을 수 없는 것이 아닌가 하는 생각이 듭니다.

왜 살아가지 않으면 안 되는가

이 질문은 철학적인 문제이고, 쉽게 답할 수 있는 것이 아닙니다. '그냥 단순히 살아야만 한다'라는 식의 의견에는 동의하지 않습니다. 아마도 이 세상에는 살아가는 것보다 죽는 것이 즐겁다고 생각하는 사람도 있을 것이고, 경우에 따라서는 죽을 권리도 인정해야 한다고 주장하는 사람도 있을 것입니다.

은둔형 외톨이는 외부와 접촉을 하지 않기 때문에 절망감과 허무감에 지배당해버리기 쉽습니다. 그래서 죽음에 유혹되기도 합니다. 은둔형 외톨이라는 마음의 병 때문에 절망하고, 자살에 대한 생각을 깊이 하게 되는 것입니다.

어떤 은둔형 외톨이는 은둔형 외톨이에서 탈출하여, 지금은 일을 하면서 취미인 낚시로 바쁘게 매일매일을 보내고 있습니다. 그러나 그도 은둔하고 있는 동안에는 자신의 상태에 절망하며 자신을 책망했습니다. 또한 아무것도 하지 않는 자신은 사회에서 필요가 없는 존재라고 생각했습니다. 결국 두 번이나 자살 시도_{약물 과다 복용과 손목을 칼로 그어 다섯 바늘이나 봉합했습니다}를 했습니다. 그래도 은둔형 외톨이에서 탈출한 지금은 "정말로 그 당시 죽지 않아서 좋다", "그때는 너무 괴로워서 어쩔 수 없이 자살 시도를 했지만, 지금은 죽고 싶지 않다"라고 말할 정도로 회복되었습니다.

그에게서 볼 수 있는 바와 같이 우리는 은둔형 외톨이의 절망감에 따른 자살을 반드시 중지시켜야 합니다. 은둔형 외톨이가 그 상태에서 벗어나게 되면 자살하고 싶은 마음은 당연히 사라지고, 죽지 않고 살아 있는 게 너무나 좋다고 말합니다.

왜 일하지 않으면 안 되는가

이 질문도 한번에 그 답을 말하는 것은 어려운 문제라고 생각합니다. 단지 일을 하면서 돈을 벌지 않으면 현대 생활에서도 살아가는 것이 힘들다는 것을 지적해두고 싶습니다. 또한 돈만으로 행복한 것은 아니지만, 적어도 불행을 멀리할 수 있는 하나의 방법이라고 생각합니다.

일반적으로 은둔형 외톨이의 가정환경은 소위 중류라고 불리는 가정이 많고, 꽤 부유한 가정도 있습니다. 그러므로 금전만으로는 은둔형 외톨이를 예방하지 못합니다.

은둔형 외톨이들에게 '왜 일하지 않으면 안 되는가'라는 질문이 우선시되는 경우는 아주 드뭅니다. 왜냐하면 그들은 원래 외부 세계와 교류를 가지며 대인 관계를 형성하는 것을 어려워하므로 일한다는 것 자체가 아주 먼 과제이기 때문입니다.

그러나 은둔형 외톨이에서 탈출하여 간단한 일이라도 시작하게 되면, 그들의 괴로움은 상당히 가벼워집니다. 어떤 은둔형 외톨이는 전자제품 판매점에 취직하여 일하게 되면서부터, "지금은 살아 있는 것이 실감이 난다. 정말로 일하는 것이 좋다"라고 말하기도 합니다.

은둔형 외톨이에게 일하는 것이 전부는 아니지만, 은둔형 외톨이에서 탈출하여 일하게 된 사람은 살아 있는 것을 실감하는 경우가 많음을 알 수 있습니다. 물론 여기까지 도달하는 것이 간단하지는 않지만, 하나의 목표로서 '일하는 것'을 삼는 것은 결코 무의미하지 않습니다.

다양한 가치관은 어떤 영향을 미치는가

현대는 가치관이 다양화된 시대라고 흔히 말합니다. 그러나 정말로 그럴까요? 구체적으로 가치관이 다양하다는 것은 어떤 것을 말하는 것일까요?

이것은 여러 가지 삶의 방식이 사회에서 허용되는 것이라고 생각합니다. 그러나 아무리 삶의 방식이 여러 가지라고 해도, 한 사람의 인간으로서 진정한 의미에서 진짜 이루고 싶은 것이 있을 것입니다. 저는 그것을 자신의 흔적, 다시 말하면 자신의 살아온 증거를 이 세상에 남기고 싶어하는 것이라고 생각합니다. 즉 자신 이외에는 어떤 사람도 이룰 수 없는 것, 그리하여 이 세상에 자신만의 고유한 흔적을 남기기를 바라면서 살고 싶어하는 것입니다.

그렇지만 현대 일본에서는 아주 어려운 일입니다. 설사 정규직이 되지 않고 프리터로 쭉 살아가더라도, 또는 학교에 가지 않고 매일 밴드에서 음악만 하고 산다고 해도, 이런 삶들이 현대의 일본에서는 결코 드문 삶이 아닙니다. 그렇게 살아가는 것도 하나의 삶의 방식이라고 받아들여지고 있습니다. 그러므로 이것만으로 자신의 흔적을 남기는 것은 어렵습니다. 또한 인간의 본능적 희망으로 부르기에도 적절치 않습니다. 즉 사회가 성숙하면 할수록 그 사회 속에서 개인적인 특이성을 확립하는 것은 점점더 어렵게 됩니다. 현대의 일본처럼 물질적으로 풍요롭고, 모든 가치관이 허용된 사회가 되면 될수록, 개인은 사회 속에서 점점더 매몰되어갑니다.

이런 식으로 가치관의 다양화는 개인적인 특성이 사회 속에서 매몰되어버리는 식으로 작용합니다. 그 결과 개인적인 특수성이라는 자기 고유의 흔적을 그려가는 것은 더욱 어려워집니다. 개인적인 특수성이 사라져간다는 것은, 다시 말하면 개성이 획일화되어버리는 것을 의미합니다. 흔히들 현대를 개성화의 시대라고 말하지만, 실제로는 획일화되어가고 있다고 말할 수밖에 없습니다. 그래서 이 획일화에 늦게 올라탄 솜씨 없는 사람들이 은둔형 외톨이가 되어버리는 것은 아닌가 하는 생각이 듭니다. 균질한 일본 젊은이들의 구조에 은둔형 외톨이는 적응하지 못하고 튕겨나가버린 것입니다. 그리하여 갈 길을 잃어버리고 은둔하고 있는 것입니다. 어떻게 보면 은둔형 외톨이는 개인적인 특수성을 획득하기 위해, 또 한 번의 역전을 꿈꾸고 있다는 생각도 듭니다.

인간관계가 약화되어서일까

은둔형 외톨이들은 확실히 외부 세계와 인간적인 교류를 단절하고 있습니다. 그러나 그들은 자신들이 왜 이런 상태가 돼버렸는지 알지 못합니다. 오히려 어리둥절해하고 있습니다. 사실 은둔형 외톨이들은 자신들이 바라고 있는 인간관계에서 몸을 빼고 있는 것이 아닙니다. 실제로는 서로 이해가 잘 되는 친구들을 강력하게 원하고 있습니다.

현대사회는 이웃에 대해 아무것도 알지 못합니다. 사회가 전체적으로 타인에게 무관심한 경향이 있습니다. 그런 반면에 젊은이들은 인터넷과 메일을 통해 열심히 친구 만들기를 하고 있습니다. 그러나 진짜 속마음을 거리낌 없이 털어놓을 수 있는 친구는 없다고 호소하는 경우가 많습니다.

이렇듯이 많은 친구들에게 둘러싸여 있는 것처럼 보여도, 실제로는 친한 친구가 없어서 외로워하는 것을 보면 속깊은 인간관계를 형성하는 것을 두려워하는 것처럼 보이기도 합니다.

현대의 젊은이들은 기본적으로는 타인에게 무관심하면서도, 친구는 되도록 많은 것이 좋다고 생각하는 경향이 있습니다. 또한 많은 친구를 사귀기 위해 대단한 노력을 기울입니다. 그렇지만 마음속에는 항상 불안이 도사리고 있습니다. 그리고 그들 스스로는 외롭다고 느끼고 있습니다.

은둔형 외톨이의 경우는 어떠한지 살펴봅시다.

은둔형 외톨이는 대체로 많은 친구를 만드는 것을 싫어합니다. 과도한 인간관계를 유지하고, 많은 사람과 사귀는 것을 싫어합니다. 그러므로 친구가 많이 있는 편이 좋다는 가치관 때문에 괴로워할지도 모릅니다.

은둔형 외톨이는 대개 자신을 이해해주기를 바라는 감정이 강한 편입니다. 이것은 현대의 젊은이들이 깊이 사귀는 것을 피하고, 상대방의 깊은 마음속으로 들어가는 것을 꺼리는 풍조와는 완전히 다릅니다. 이처럼 은둔형 외톨이와 동일한 마음을 갖는 젊은이는 어느 시대에나 일정 정도는 항상 있게 마련입니다. 그러나 위에서 언급한 바와 같이 현대의 젊은이들의 풍조가 이런 사고를 가진 사람들을 힘들게 만들고, 은둔형 외톨이를 증가시키는 원인으로 작용하고 있다고 저는 생각합니다.

자기 세계로의 매몰화와 자기애 현상

은둔형 외톨이는 사회생활을 영위하기 위한 적절한 자아 발달을 위해서 현실적인 노력을 기울이지 않습니다. 자신은 무엇이든 가능하다는 환상적이고 자기 만능적인 자기애에 빠진 세계에 살고 있습니다. 혼자만의 세계에서 살고 있는 것입니다. 그들은 거기에서 빠져나오는 것을 무척 두려워합니다. 그래서 외부 세계와의 교류를 중단하는 것을 볼 수 있습니다. 물론 모든 은둔형 외톨이가 그런 것은 아니지만, 상당수의 은둔형 외톨이가 이에 해당합니다.

앞에서 언급했습니다만, 대학 시험에 낙방하여 3년간 재수생으로 지낸 제 친구처럼 혼자서 생활을 계속하다 보면, 아무래도 회의적이 되고 망상적으로 되는 것을 피할 수 없다고 생각합니다. 그래서 점차적으로 자신이 붕괴되어가는 위기에 봉착하게 됩니다. 때문에 이 위기를 방어하기 위해서는 스스로 자기를 높이 평가하는 구조를 만들지 않으면 안 되는 것입니다. 그리하여 그 필연의 결과로서 자기애라는 현상에 이르게 됩니다.

즉 오랜 기간 동안 자신만의 껍질에 싸여 있게 되면 병적으로 변해가는 자신을 보게 됩니다. 이것은 절망스러운 상황입니다. 이를 방어하기 위해서 자기 자신을 높게 평가하는 수단을 강구해야만 합니다. 결과적으로 은둔형 외톨이에게는 자기애라는 말이 어울리는 상황으로 되어갑니다. 저는 은둔형 외톨이의 자기애는 필연적인 현상이라고 생각합니다.

은둔형 외톨이는 남자에게 많고, 그것도 장남에게 많다고 알려져 있습니다. 확실히 제 환자들의 경우에도 은둔형 외톨이는 남자가 많고, 대부분이 장남입니다. 이것은 왜 그럴까요?

그 이유를 제 나름대로 정리해보면 다음과 같습니다.

먼저 은둔형 외톨이의 연령은 20대에서 30대가 많다는 사실을 지적하고 싶습니다. 이 연배의 사람들에게는 당연히 사회의 중추적 역할을 담당해주기를 기대합니다. 이런 기대감은 여자보다는 남자에게 강력하게 요구됩니다. 아무리 여자의 사회 진출을 외치고 남녀고용기회균등법이 시행되고 있어도, 사회에 나가서 일을 하라는 무의식적인 압력은 남자에게 더 강하게 작용하는 편입니다. 그렇기 때문에 은둔형 외톨이가 장기화되면, 주위에서 직접적으로 대놓고 말을 하지 않더라도 어떤 압력을 주게 됩니다. 이로 인해 많은 남자들이 괴로워합니다.

물론 이것이 은둔형 외톨이의 유일한 원인은 아닙니다. 여성에겐 그런 압력이 없느냐 하면 결코 그렇지 않습니다. 그러나 은둔형 외톨이라는 상태로 진전되는 계기는 남자의 경우가 여자의 경우보다 많습니다. 그 결과 남자가 은둔형 외톨이라는 병리로서 표출되기 쉽다고 여겨집니다.

제 개인적인 의견이긴 하지만 결론부터 말하자면 학대는 은둔형 외톨이와 관련성이 없다고 생각합니다. 그것은 다음과 같은 이유에서입니다.

은둔형 외톨이의 가정은 유소년기에 원만한 경우가 많습니다. 아버지는 기업의 회사원으로서 일만 하는 사람이고, 그 대신 어머니는 충실하게 가정을 지키는 경우를 가장 많이 볼 수 있습니다.

더욱이 은둔형 외톨이와 면담을 해보면 유소년기에 학대를 받은 경험이 있는 사람은 거의 없습니다. 단지 가정 내에서 폭력을 행사하는 은둔형 외톨이를 잘 살펴보면, 부모에게서 심하게 질책받은 것을 원한으로 삼는 경우가 있는데, 나중에 이것을 핑계 삼아 부모를 공격하기도 합니다. 그러나 실제로 아동 학대라고 부를 만한 경우를 본 적은 없습니다.

'학대받은 아동'은 은둔형 외톨이보다 조기에 여러 가지 정신적 증상이 나타납니다. 그들은 운동 기능이 떨어지고, 정서발달과 언어발달이 늦습니다. 신체적인 측면에서는 성장이 더딥니다. 또한 행동적인 측면에서는 충동적인 행위와 자해 행위 등을 보입니다. 이런 모든 증상이 대개는 아동기에 나타납니다.

심적 외상 후 스트레스 장애와의 관련성

무엇인가 심적 외상이 있어서 그것이 이후 은둔형 외톨이로 변화되어 나타나는 것이라는 견해가 있습니다. 그러나 앞에서 언급한 바와 같이 유소년기의 학대는 은둔형 외톨이와의 관련성이 낮고, 학대에 의한 외상 후 스트레스 장애도 그 관련성이 낮습니다. 은둔형 외톨이와의 관련성이 가장 높다고 생각되는 심적 외상 후 스트레스 장애는 '왕따'에 의한 것들이 많습니다. 이에 대한 임상 사례로서 N군의 사례를 들고 싶습니다.

N군은 현재 20세의 대학생입니다. 그러나 실제로 학교에 가서 수업을 들은 날은 며칠 되지 않습니다. 학교에 가지 않고 집에서 은둔한 지 약 2년이 되었습니다. 집 밖으로 외출하는 일도 거의 없습니다. 대화 상대는 그가 유일하게 신뢰하는 할아버지뿐입니다. 다른 가족과는 대화를 하지 않습니다. 특히 부모에 대해서 적의라고 해도 좋을 정도의 감정을 품고 있습니다. 따라서 어머니가 만든 식사는 입도 대지 않습니다. 때로는 어머니에게 폭력을 휘두르는 경우도 있습니다.

부모 먼저 자녀의 상태가 걱정되어 면담하러 왔습니다. N군의 부모는 도대체 어떻게 해야 할지 몰라 막막해하고 있었습니다. 그후 N군은 할아버지에게 설득을 당하기도 했고, 또한 자신도 이런 상태에서 벗어나고 싶다고 생각하여 스스로 병원에 왔습니다.

면담은 주 1회로 시작했습니다. 면담을 통해 밝혀진 것은 N군이 자신의 인생에 대해서 아주 부정적인 생각을 품고 있고, 또한 허무감에 시달리고 있으며, 자살하고 싶은 욕구가 매우 강하다는 점이었습니다.

면담이 계속 진행되어가면서 N군이 고교 시절에 왕따를 심하게 당했다는 사실을 알게 되었습니다. 저는 왕따가 그를 은둔형 외톨이로 만든 원인으로 생각되었습니다. 고교 시절 내내 협박, 폭력, 따돌림 등의 음침한 왕따가 N군에게 계속 이어졌습니다. 자신은 이런 왕따로 인해서 너무나 괴로워했는데도 부모는 전혀 도와주지 않았다고 원망했습니다. 심지어는 이런 것을 전혀 눈치채지 못한 부모에게 원한을 품고 있다고까지 말했습니다.

대학에 입학하고 나서 N군은 자신을 바꿔보려고 무척 노력했지만, 고교 시절의 왕따 경험으로 인해 인간 불신에 빠져 있었기 때문에 다른 사람 앞에서 행동을 잘할 수 없었습니다. 그렇게 시간이 흘러가는 사이에 주위의 다른 친구들은 자기들끼리의 그룹을 만들어버렸습니다. N군은 그 속에 도저히 들어갈 수 없었고 왕따로 인해서 되돌릴 수 없는 상처를 입고 말았습니다.

약 1년 동안 면담이 이어졌습니다. N군은 자신의 내면을 솔직하게 이야기하면서 동시에 비애감도 같이 드러냈습니다. 자살 미수 사건도 두 번이나 일어났습니다. 현재도 자살 유혹은 사라지지 않고 있습니다. 대인 공포가 완전히 해소되지는 않았지만, 그래도 조금씩 부모와도 대화를 합니다. 또한 밤에는 외출하여 근처의 편의점에도 갑니다.

이같이 N군은 왕따에 의한 심적 외상 후 스트레스 장애가 생겼고, 그것이 은둔형 외톨이의 발단이 되었습니다. 왕따를 경험한 은둔형 외톨이들의 공통점은 허무감과 절망감을 심하게 느끼고, 이에 따른 자살 유혹이 있다는 것입니다. 때문에 왕따를 경험했던 은둔형 외톨이는 특별히 자살에 대한 주의를 기울여야 합니다.

일본 특유의 것인가

은둔형 외톨이가 일본에서만 독특하게 일어나는 현상인가 하면 결코 그렇지는 않다고 생각합니다. 여기서 은둔형 외톨이로 정의된 임상 증상은 구미에서도 보고되고 있습니다. 구미에서는 은둔형 외톨이라는 진단을 붙이는 것이 아니라, 앞에서 언급한 사회 공포장애, 회피성 인격장애, 자기애성 인격장애, 경계성 인격장애, 분열병질적 인격장애 등의 진단명을 붙이고 있습니다.

일본에서 은둔형 외톨이라는 진단이 일종의 시민권을 얻게 된 데는 그 수가 많기 때문이라고 생각합니다. 은둔형 외톨이에게 붙일 수 있는 앞의 병명들은 아주 드문 것은 아니지만 그렇다고 흔한 질병도 아닙니다. 예를 들면 흔한 편에 속하는 우울병과 비교하면 아주 드문 질병에 해당됩니다.

일본에서는 이 은둔형 외톨이라는 증상이 외국에 비해서 압도적으로 많기 때문에 중요한 병리현상이 돼버린 것입니다. 그러면 왜 일본에만 유독 이렇게 많은 것일까요? 그 이유를 제 나름대로 생각해보려고 합니다. 먼저 은둔하고 있을 정도의 경제적인 기반이 일본에는 존재한다는 점입니다. 게다가 은둔하고 있는 그대로의 상태를 인정해주는 사회적인 분위기도 한몫하고 있습니다. 또 한 가지 더 지적하면 사회 전체가 모라토리움moratorium화되어가고 있는 점입니다.

더욱이 통신 산업의 발전에 따라 점점 버추얼한 커뮤니케이션이 젊은이들의 가치관을 형성하는 주류가 되고 있습니다. 그 결과 사람과 사람 사이의 직접적인 접촉이 탈가치화됨에 따라 젊은 사람들의 대인 관계의 능력이 저하되어가는 것도 그 하나의 원인으로 생각됩니다.

그러나 무엇보다도 은둔형 외톨이의 증가에 가장 기여하고 있는 중요한 원인은 모자일체화母子一體化의 폐해입니다. 이 점에 대해서는 제4장에서 자세히 언급할 예정입니다. 우선 간단히 언급하면, 일밖에 모르는 아버지 밑에서 어머니의 관심은 자식들에게 집중되고, 자식들은 시험 전쟁에서 살아남기 위해서 모자일체화되어 열심히 공부하게 됩니다. 이것이 성공적으로 이루어지면 모자일체화는 더욱 강화되면서 모자일체화라는 환상에 빠지게 되는 것입니다. 이것이 은둔형 외톨이의 정신적 자립을 악의 없이 그리고 무의식적으로 구속하고 방해하는 것입니다.

따라서 은둔형 외톨이라는 미증유의 사태가 벌어져도 어머니는 이전의 모자일체화 환상에 빠져 이전처럼 열심히 하면 여기에서 벗어날 수 있다고 생각하는 악순환을 밟게 됩니다. 더군다나 모자일체화의 환상은 일본 특유의 것입니다. 그렇기 때문에 일본에서 은둔형 외톨이가 계속적으로 증가하는 지경에 이르게 되었다고 생각합니다.

은둔형 외톨이는 정말 증가하고 있는가

은둔형 외톨이가 일본에서 보고되기 시작한 것은 1995년경부터입니다. 근년에는 일종의 사회현상으로 돼버렸고, 확실히 증가

일로에 있습니다. 후생노동성에서 발표한 2000년도의 보고서를 보면 은둔형 외톨이에 대한 면담 건수가 6,000건을 넘어섰다고 합니다. 이는 물론 보건소 등과 같은 공적인 기관을 포함하고 있습니다. 실제로는 후생노동성에서 발표한 숫자보다 훨씬 많을 것이라고 추측됩니다.

은둔형 외톨이는 스스로 무척 힘들어하면서도 의료 기관을 잘 방문하지 않습니다. 외부 세계와 접촉하는 것을 극도로 두려워하기 때문에 의료 기관에 가는 것을 상상도 못합니다. 그러므로 밖으로 드러나지 않는 은둔형 외톨이는 생각보다 훨씬 많을 것입니다.

앞에서 언급한 사회적 배경에 의해 은둔형 외톨이가 클로즈업되었다는 사정도 무시할 수 없습니다. 이전이라면 은둔형 외톨이에 이르지 않을지도 모르는 학생들이 은둔형 외톨이가 되어 사회적인 불이익을 받게 된 것입니다.

은둔형 외톨이는 현재도 확실히 증가하고 있고, 그 저변이 점점더 확대되어가고 있습니다. 현대를 살아가는 우리는 은둔형 외톨이로 인해서 괴로워하는 사람들을 가능한 한 조기에 발견하여 미연에 예방하는 것이 급선무입니다.

은둔형 외톨이는 당장 무엇을 해야 하나

은둔형 외톨이의 계기가 되었던 사건들은 어디까지나 '우연의 산물' 입니다. 이런 계기들이 은둔형 외톨이의 원인이라고 볼 수 없습니다. 그것에 계속 집착하면서 얽매여 있는 것은 백해무익할 따름입니다. 계기에 사로잡히지 말고 먼저 현재의 자신을 새롭게 발견하는 것에서부터 출발하는 것이 좋습니다.

은둔형 외톨이는 모라토리움인가

우리는 청년기에 자신의 행동에 책임지는 정신적 과제를 안고 있습니다. 모라토리움은 이런 과제를 놓고 고민하는 것을 회피하면서 어른이 되는 것을 연기하고 있는 상태를 말합니다. 스스로 어른이 되는 것을 유예하고, 영원히 소년으로 지내고 싶어하는 사람들을 모라토리움 인간이라고 부릅니다.

그들은 정규직에 취업하지 않고 그냥 슬슬 지내면서 시간을 보냅니다. 어떤 특별한 목적, 이를테면 음악가라든지 영화감독 등이 되기 위해서 일부러 정규직으로 취업하지 않은 사람들을 제외하고 프리터로서 지내는 대부분의 젊은 사람들은 모라토리움 인간이라고 생각합니다.

그러면 은둔형 외톨이도 모라토리움 인간일까요?

저는 그렇지 않다고 생각합니다. 은둔형 외톨이는 은둔 상태가 돼버린 자신에게 스스로 곤혹스러워합니다. 스스로도 어찌하면 좋을지를 모릅니다. 자신이 원한다고 해서 어른이 되는 것을 연기할 수 있는 것은 아닙니다. 그들은 어떻게 해서라도 이 상태에서 탈출하고 싶어합니다. 그러므로 본질적으로 은둔형 외톨이와 모라토리움 인간은 다릅니다. 그러나 제3장에서 언급한 바와 같이 은둔형 외톨이의 증가 요인 가운데 하나로서 사회

전체의 모라토리움화가 작동하고 있는 것은 사실입니다.

자기 자신을 부정하지 말라

은둔형 외톨이는 장기간 은둔함으로써 한편으로는 과대할 정도로 이상적인 자기를 꿈속에서 상상하고 있습니다. 그러나 또 다른 한편으로는 반드시 현실에 대한 불안감, 허무감, 절망감도 안고 있습니다.

그리고 은둔형 외톨이는 '나는 정말로 쓸모없는 인간이다', '살아 있을 가치가 없다', '나는 가족에게 피해를 입히기 위해서 살아 있기 때문에 차라리 죽는 편이 낫다'고 생각하는 등 자신에 대한 무가치감을 호소하는 경우가 많습니다. 설사 이런 감정을 입 밖에 내지 않는다고 해도 은둔형 외톨이는 반드시 이렇게 느낍니다. 더욱이 은둔 기간이 장기화될수록 과대한 자기 이상이 점차로 붕괴되기 시작하기 때문에, 자기 부정은 한층 더 그 범위가 넓어지고 심화되어갑니다.

자기 부정으로 뒤덮인 상태에서 은둔형 외톨이가 되면, 더욱더 자신의 껍질 속으로 숨어들어가서 완전히 외부와의 접촉을 단절해버립니다. 이 껍질은 은둔 기간이 장기화되면 될수록 더욱 강해지면서 은둔을 악화시킵니다.

따라서 은둔 상태에서 탈출하기를 원하면, 먼저 자신을 부정하지 않는 데서 시작해야 합니다. 은둔형 외톨이는 결코 본인이 좋아서 이런 상태가 된 것이 아닙니다. 더욱이 게을러서 그런 것도 아닙니다. 오히려 너무 괴로워서 은둔 상태에서 탈출하고 싶어합니다.

그러므로 은둔형 외톨이는 자신을 책망할 필요가 없습니다. 은둔형 외톨이에서 탈출하려면 제일 먼저 자신을 부정하지 않고 있는 그대로 받아들이는 것이 무엇보다 중요합니다.

무기력한 점을 찾아내어 바꿔라

은둔형 외톨이는 은둔하고 있는 동안 정말로 아무것도 하지 않는 것일까요?

저는 그렇지 않다고 생각합니다. 무기력과 비슷한 의미로 사용되는 무활동이라는 단어가 있습니다. 무활동은 정신분열병으로 장기 입원하는 경우에 흔히 보이는 증상입니다. 스스로 아무것도 적극적으로 하고 싶어하지 않는 자발성의 저하, 항상 멍한 인상을 주는 감정둔마感情鈍痲, 주위에 대해 완전히 마음의 문을 달아버리는 자폐 등의 증상을 말합니다. 무활동은 이런 상태를 표현하기 위한 일종의 정신의학 용어라고 할 수 있습니다.

그러나 은둔형 외톨이의 무기력은 이런 무활동과는 다릅니다. 자신이 무기력하다고 생각하는 은둔형 외톨이 O양의 경우를 임상 사례로 들어보겠습니다.

O양은 현재 25세의 여자입니다. 집에서 은둔한 지 1년 정도 되었습니다. O양은 대학 졸업 후 어느 약품 회사의 연구직으로 근무했습니다. 원래부터가 사람 앞에서 긴장을 잘하는 성격의 소유자였습니다. 회사에 다니는 동안에도 대인 관계에 항상 부담감을 느끼면서 하루하루를 보냈습니다. 1년 반 정도 지났을 때 약품 개발로 인해 상사에게 질책을 받은 적이 있었습니다. 이것이 계기가 되어 회사에서 더욱더 심하게 긴장감을 느꼈습니다. 집에서 휴일을 보내고 난 후에도 긴장감이 풀리지 않고 그 정도가 점점더 심해졌습니다. 마침내는 밤에도 잠을 이룰 수 없게 돼버렸습니다. 그 이후 병원을 찾게 되어 면담이 시작되었습니다.

초진 당시의 상태는 집에서 외출할 수 없는 상황이었습니다. 집과 병원 이외의 장소에서는 긴장감을 너무나 심하게 느껴서 결국 회사도 도저히 다닐 수 없어서 퇴직을 했습니다. 외출을 하게 되면 몸이 지치고, 손에 땀이 배는 등 긴장감이 지속되는 바람에 병원 이외의 외출은 도저히 불가능했습니다. 한 주에 한 번 병원에 올 때, 쇼핑을 해보려고 노력하기도 했습니다. 퇴직한 직후에는 가족과도 대화를 거의 하지 않았습니다. 그러나 면담을 계속함으로써 지금은 조금씩 가족과 말을 섞고 있습니다.

직장에 다닐 때는 자신의 취미인 영화와 유화에 열중했습니다. 이런 취미 활동은 일에서 오는 스트레스를 줄여주었기 때문에 열심히 했습니다. 그러나 은둔하게 된 다음부터는 취미 활동도 전혀 하지 않았습니다. O양은 특별히 하는 일 없이 빈둥거리면서 하루를 보냈습니다. 퇴직하기 전과 퇴직 직후 기분 상태는 아주 가라앉아 있었지만, 은둔하고 난 다음부터는 오히려 슬프다기보다는 왜 자신이 이런 은둔 상태에 빠져서 헤어나오지 못하는지를 알 수 없는 데서 오는 곤혹감에 시달렸습니다. 자신이 그렇게 좋아하던 영화도 못 보게 되고 그림도 그리지 못하는 상태가 지속되는 것에 당황스러워했습니다. 어떻게 해서든지 은둔형 외톨이에서 벗어나고 싶다고 생각했지만, 외부 세계에 대한 공포에서 빠져나올 수 없었습니다.

O양은 정말로 무기력한 것일까요?

O양 자신은 무엇인가를 하고 싶다, 이전의 자신으로 돌아가고 싶다고 간절히 원하고 있습니다. 그러므로 자발성이 저하되어 있다고 할 수 없습니다. 또한 면담할 때도 마음의 문을 열고

말을 합니다. 조금씩 부모와도 점점 대화를 하고 있습니다. 그녀는 주위에 대해서 마음을 완전히 닫은 것이 아닙니다.

이렇게 O양은 무기력한 사람이 결코 아닙니다. 장기간 은둔함으로써 자신도 무기력한 것처럼 느껴질 뿐입니다. 주위의 가족들도 계속 은둔하고 있는 O양을 무기력 상태에 있다고 생각하고, 그녀 자신 또한 그렇게 잘못 생각하고 있었던 것입니다.

O양뿐만 아니라 다른 은둔형 외톨이도 장기간 은둔하다 보면 자신은 물론 주위에서 종종 무기력하다고 생각해버립니다. 그러나 O양과 같은 경우는 정말로 무기력한 것이 아닙니다. 은둔형 외톨이는 O양처럼 탈출하고 싶어합니다. 단지 그 방법을 모를 뿐입니다. 또한 그것이 불가능하게 보여 당황하고 있을 뿐입니다.

은둔형 외톨이는 먼저 자기 자신을 부정하지 않도록 해야 합니다. 그런 다음에 자신을 잘 살펴나가면서 정말로 무기력한 것은 아니라는 것을 스스로 이해하는 것이 필요합니다. 그러면 거기에서 무엇인가가 새로운 가능성이 생깁니다.

먼저 목표를 세워라

자신을 부정하지 않고 자신을 다시 발견하여 자신은 실제 무기력한 사람이 아니라는 것을 이해하고 난 다음에는, 어떻게 하는 것이 좋을까요?

저는 먼저 작은 목표를 설정하는 것이 중요하다고 생각합니다.

첫 숟갈에 배부르는 법은 없습니다. 또한 그것은 불가능한 일이기도 합니다. '천리 길도 한 걸음부터'라는 속담대로, 현재의 은둔형 외톨이에서 탈출하기 위해 무엇부터 시작할 수 있는지 생각해보고 알아보기로 합시다.

은둔형 외톨이가 갖는 가장 현실적인 문제는 사회와 완전히 격리되어 사회와 아무런 연관성을 갖고 있지 않다는 점입니다. 이런 문제는 대개 아무런 대인 관계가 없는 것에서 기인합니다. 우리 병원에 다니고 있는 은둔형 외톨이가 목표로 설정한 것을 먼저 예로 들어봅니다.

많은 환자들이 면담을 받고 있지만, 정기적으로 면담하는 상태가 되기 위해서는 은둔형 외톨이의 은둔 상태가 어느 정도 개선되지 않고서는 곤란합니다. 그러므로 정기적으로 병원에 다니는 것은 처음에는 목표가 될 수 없습니다. 더욱더 작은 것을 목표로 하는 것이 좋습니다.

그 예로, 완전히 주야가 바뀐 경우라면, 오전중에 일어나는 것을 목표로 하는 것도 좋은 방법입니다. 모든 식사를 자신의 방에서 한다면, 한 끼라도 가족과 함께 식탁에서 먹는 것을 목표로 정하는 것도 좋습니다. 전혀 외출을 하지 않는 은둔형 외톨이라면, 사람이 없는 밤에 짧은 시간이라도 산책하는 것을 초기의 목표로 삼을 수도 있습니다. 가족과 전혀 말을 하지 않는 은둔형 외톨이 같은 경우는 어머니에게만은 아침 인사를 한다거나, 그것도 곤란하다면 인터넷의 채팅에 참가하거나 누군가와 메일을 주고받는 것을 목표로 정할 수도 있습니다. 이런 것들이 모두 곤란하다면 집에서 가장 가까운 자동판매기까지 음료수를 사러 가는 것을 시도해보는 것도 방법입니다. 또 매일 아침 신문을 가지러 가는 방법도 있습니다. 이런 것들이 흔히 제시할 수 있는 가장 간단한 목표들입니다.

이런 목표들이 조금씩 달성되면, 달성된 작은 성공은 틀림없이 큰 성공으로 나아가는 확실한 제일보가 됩니다. 은둔형 외톨이라는 팽팽한 풍선과 같은 환경에 아주 조그만 바람 구멍을 뚫게 되면, 공기가 점점 빠져나와 그 팽팽한 풍선은 줄어들게 됩니다.

영웅은 될 수 없다

자신을 새롭게 다시 발견하면서 작은 목표를 달성했다 하더라도, 은둔형 외톨이라는 문제가 일거에 해결되지는 않습니다. 은둔형 외톨이들은 대개 자신들의 이상화된 모습을 상상합니다. 그래서 '동경의 인물들' 혹은 '가까이 다가갈 수 없는 존재'인 스포츠 선수, 영화배우, 음악가, 작가 등에서 자신들의 이상화된 모습을 찾습니다.

은둔하고 있을 때는 '자신은 지금 아무것도 하고 있지 않은 듯이 보여도 나중에 이 경험을 살려서 작가가 될 것'이라든가, '오디션에 응모하기 위해 곡을 만들 예정'이라든가, '은둔에서 벗어나면 빅 리그의 경쟁에 참가하고 싶다' 라든가 하는 식으로 대부분의 은둔형 외톨이들은 말을 합니다. 제가 볼 때는 현실에서 유리된 몽상가와 같은 생각들이지만, 그들에겐 이것이 엄연한 현실인 것입니다.

은둔형 외톨이에서 탈출해서 조금씩 대인 관계가 형성되면, 그들의 몽상도 서서히 그 형태를 조금씩 현실적인 것으로 변화시켜 나갑니다. 그러나 그런 이상이 쉽게 없어지지는 않습니다. 주위에서 그런 몽상은 현실적인 것이 못 된다고 아무리 납득이 가도록 이야기해줘도 그들에겐 매우 중요한 것이기 때문에 이해시키기가 무척 어렵습니다. 이론적으로는 그런 몽상이 현실적이 아니라는 사실을 빨리 직시하면 할수록, 은둔형 외톨이에서 탈출하는 것도 빨라집니다. 그러기 위해서는 자신의 경험을 제3자에게 말하는 것이 가장 좋은 방법입니다. 면담을 계속하게 되면 자신의 내적 체험을 치료자에게 말하게 됩니다. 그러면 여기서 은둔형 외톨이에서 탈출하고자 하는 P군의 임상 사례를 살펴보겠습니다.

P군은 24세의 남자입니다. 은둔한 지 약 3년이 지났습니다. 부모가 먼저 병원을 다니고 난 후 3개월이 지나서야 P군이 내원했습니다. 그리고 면담을 한 지는 약 1년이 되었습니다.

P군은 두 형제의 장남으로 출생했습니다. 은행원으로 근무하는 아버지와 교육열이 높은 어머니 슬하에서 자랐습니다. 유소년기부터 수재로 알려질 정도로 공부를 잘했다고 합니다. 유명 중학교에 진학해서도 우수한 성적을 받았습니다. 중 · 고교도 순조롭게 통과하여 도쿄의 명문 사립대학에 입학했습니다. 그러나 대학에 입학하고 난 후부터는 학교에 갈 의욕을 잃어버리고 하숙집에서만 하루 종일 처박혀 지내기 일쑤였습니다. 그래도 2학년 때까지는 종종 학교에 얼굴을 내밀기도 하면서 친구와 대화도 가끔 했습니다. 그러나 3학년이 되고 나서는 전혀 등교를 하지 않았습니다. 하숙집에 틀어박혀서 식사도 하지 않았

습니다. 어머니가 도쿄에 와서 그 모습을 보고 놀라서 집으로 데려갔습니다.

집에 돌아왔지만 생활은 변하지 않았습니다. 어느 누구와도 대화를 하지 않고, 방에 틀어박혀서 책을 보거나 잠만 자는 생활을 계속했습니다. 부모가 너무나 걱정스러워 병원에 먼저 찾아왔습니다. 자신은 병원에 갈 의사가 없다고 부모에게 확실하게 말했지만, 부모가 병원에 정기적으로 다니는 것을 보고 마음이 바뀌었습니다. 부모가 병원에 다닌 지 3개월 후에 진찰이라도 한 번 받아보겠다면서 내원했습니다.

P군은 진찰실에서 거의 말을 하지 않았지만, 면담을 하는 것에는 동의했습니다. 맨 처음 면담할 때 '자신은 누구보다도 책을 많이 읽으므로 소설가가 되겠다, 장래는 책을 써서 먹고 살겠다, 우선 문학상을 수상하는 것이 목표다'라는 내용의 말을 했습니다. 어쨌든 열심히 그의 말을 들었습니다. 실제로 400매 정도의 원고를 집필하기도 했다고 합니다. 그러나 그 원고를 보여주지 않았고, 투고도 하지 않았습니다. 그리고 면담을 시작한 지 반년이 지난 후에도, "소설을 쓰는 것이 취미다. 앞으로 소설을 쓰기 위해 이런 경험을 하고 있다"라고 말했습니다. 그러나 그 후 P군은 가끔 전화는 했지만 면담을 하러 오지는 않았습니다. 간단한 일을 하고 있다는 이야기를 부모를 통해 들었습니다. 그

래도 몽상하는 것이 줄어들었고, 점차 부모에게 말을 걸어오는 등 좋아진 점도 있었습니다. P군은 사회 복귀를 목표로 하겠다고 부모와 동의한 상태입니다.

P군에게는 자신이 유명 작가가 되는 것이 현실이었습니다. 저는 면담을 하면서 그 자신을 다시 발견하도록 함으로써 몽상에서 벗어나서 현실로 향하도록 하는 데 역점을 두었습니다. P군처럼 모든 경우가 비교적 순조롭게 진행되는 것은 아닙니다. 은둔형 외톨이는 몽상가로 지내면 결코 좋은 결과를 가져오지 못합니다. 일반적인 경우에는 일종의 목표로서 동경하는 사람을 마음에 하나쯤 품는 것이 별 거 아닐지 모릅니다. 그러나 은둔형 외톨이의 경우는 아주 작은 목표에서 시작하여, 은둔형 외톨이의 탈출에 성공하는 것이 가장 좋습니다. 모든 사람이 영웅이 될 수는 없습니다. 그런 사람이 많지 않기 때문에 영웅이 있는 법입니다.

계기에 사로잡혀서는 안 된다

은둔형 외톨이가 은둔하게 된 계기로 가장 많은 것은 등교 거부라고 합니다. 그런데 왜 등교를 거부하느냐고 물으면, 대부분 대답을 못합니다. 등교 거부 이외에 은둔형 외톨이가 되는 계기는 학업 부진, 실연, 직장에서의 대인 관계 트러블, 일의 실패, 친구 관계의 문제, 교통 사고 등 누구라도 경험할 수 있는 일들입니다.

계기가 되는 이런 원인들은 은둔형 외톨이라는 미증유의 사태와 비교해볼 때 너무나 사소한 것이라는 인상을 지울 수 없습니다.

그러나 대부분의 은둔형 외톨이들은 어떻게 자신들이 이런 상태가 되었는지 잘 모른다고 이야기하면서도, 계기가 되었던 일에 오랫동안 집착하고 있는 경우가 많습니다. '그때 이렇게 했더라면 지금처럼 되지는 않았을 텐데'라든지, '은둔형 외톨이에서 벗어나도 똑같은 일을 당하지 않을까' 하면서 계속해서 집착합니다. 이렇게 계기에 집착하는 것이 은둔형 외톨이에게는 일종의 걸림돌이 되어 탈출의 발목을 잡고 있습니다.

반복해서 말씀드리지만, 은둔형 외톨이의 계기가 되었던 사건들은 어디까지나 '우연의 산물'입니다. 이런 계기들이 은둔형 외톨이의 원인이라고 볼 수 없습니다. 그것에 계속 집착하면서 얽매여 있는 것은 백해무익할 따름입니다. 계기에 사로잡히지 말고 먼저 현재의 자신을 새롭게 발견하는 것에서부터 출발하는 것이 좋습니다.

대부분의 은둔형 외톨이들은 대인 관계에 아주 민감합니다. 특히 자신에 대한 평가에 지나치리 만큼 예민해서 무서워한다고 말해도 좋을 정도입니다. 이런 과민성은 은둔형 외톨이를 만성화시키는 하나의 원인이 되기도 합니다. 따라서 이런 과민성에 대해 어떻게 대처해야 하는가 하는 문제는 매우 중요합니다.

제가 생각할 때 과민성의 대처 방법에는 왕도가 없고, '익숙해지는 것'이 가장 좋다고 생각합니다. 탈감작요법脫感作療法을 사용하는 것도 도움이 됩니다. 탈감작요법이란 무엇인가에 알레르기가 있는 사람에게 소량의 알레르기 원인 물질을 꾸준히 투여하면서 면역력을 증강시켜 나가는 알레르기 극복 방법입니다.

탈감작요법에서 알레르기 물질을 투여하는 것을 중지하면, 또다시 그 물질에 대한 알레르기가 나타납니다. 중지 기간이 길면 완전히 원래 상태로 돌아가버립니다. 이런 원리가 은둔형 외톨이의 과민한 대인 관계에 적용됩니다. 즉 대인 과민을 극복하는 방법으로 조금씩 대인 접촉을 시도하는 것입니다. 그러기 때문에 짧은 시간이라도 사람이 존재하는 공간에 나가는 것이 중요합니다.

은둔형 외톨이가 만성화되면 다른 사람의 시선에 매우 신경을 많이 씁니다. 은둔형 외톨이는 앞에서 언급한 바와 같이 먼저 자신을 다시 새롭게 발견해야 합니다. 그러고 난 다음에 한 단계 나아가 매우 짧은 시간 동안이라도 대인 과민이라는 알레르기 반응을 탈감작하는 것이 중요합니다. 대인 관계에서 과민함을 극복하는 것은 참으로 중요합니다. 일단 대인 관계의 과민함이 다소라도 감소하면 고통도 그와 함께 줄어듭니다. 제3자와 대인 관계를 형성해가면서 탈감작의 효력이 약해지지 않도록 계속해서 대인 관계를 지속해 나가야 합니다.

구체적으로 어떠한 방법이 있는지 생각해봅시다. 일례로 '사람에게 익숙해지기' 위해 다음과 같은 방법을 사용한 은둔형 외톨이도 있습니다. 그는 매일 스타벅스에 나가서 차를 마시면서 다른 사람들의 시선에 민감해지는 것을 줄여 나갔습니다. 예전에는 다른 사람들이 자신을 보고 있다고 생각했고, 또한 다른 사람들이 자신과 관련된 대화를 한다고 생각했습니다.

스타벅스는 혼자 오는 사람이 많아서 매장 안으로 들어가기가 쉽습니다. 또한 스타벅스 매장 안은 손님과 손님 사이의 간격이 좁아서 주위 사람들의 대화를 옆에서 들을 수도 있는데, 자신과 관련된 이야기를 하지 않는다는 사실을 확인하면 안심할 수 있습니다. 스타벅스 매장 이용하기 방법을 썼던 은둔형 외톨이는 그 경험을 바탕으로 점점더 행동 범위를 넓혀나가는 데 성공

했습니다. 이것과 유사한 방식으로 대인 관계의 과민함을 극복한 여자 은둔형 외톨이의 경우도 있습니다. 그녀는 화장품 할인매장에 다니면서 그런 과제를 달성했습니다. 물론 위의 두 사례는 성공적인 경우들이라 모든 사람에게 해당된다고 볼 수는 없습니다. 그러나 대인 과민에서 탈출하는 것이 가장 중요한 과제라는 것은 분명합니다.

또 한 번 주위를 둘러보라

지금까지 제가 말씀드린 방법으로 은둔형 외톨이의 탈출을 성공하지 못했다고 해서 결코 포기해서는 안 됩니다.

그때는 또 한 번 주위를 둘러보면서 자신에게 도움이 되는 뭔가가 없는지 찾아봐야 합니다. 예를 들면 지금까지 자신이 은둔하게 된 것이 부모 탓이라고 생각하면서 부모에게 원한을 품고 있다고 합시다. 이런 경우도 생각을 달리하여 다시 한 번 부모에게 도움을 청해야 합니다. 부모의 도움을 잘 이용하면 정말로 가치가 있습니다. 구체적으로 말하면 부모에게 다른 은둔형 외톨이의 부모와 만나서 이야기하도록 합시다. 즉 다른 부모들의 이야기를 듣고 나서 자신의 부모가 도움을 받도록 활용합시다. 만약에 부모가 마음에 안 들면 삼촌 등 다른 친지에게 도움을 청해도 좋습니다.

한편 근래 은둔형 외톨이가 부쩍 증가하고 있는 것에 비해서 치료를 위한 사회적 자원은 빈약하다고 말할 수밖에 없습니다. 그러나 실제로 은둔형 외톨이가 되어 괴로워하고 있는 사람은 은둔형 외톨이 자신이기 때문에 스스로 노력을 기울여야 합니다. 은둔형 외톨이를 위한 공적 자원은 매우 빈약하지만, 잘 찾아서 이용해야 합니다.

특히 공적 자원으로는 최근 지방자치단체의 정신보건복지센터에 은둔형 외톨이 면담 창구가 개설되어 있습니다. 이곳을 이용하는 것도 도움이 됩니다. 은둔형 외톨이를 야기한 사회적 배경이 있고, 우리 모두가 공동의 노력을 기울여야 하기 때문에 공적 자원을 잘 이용하는 것도 매우 중요하다고 생각합니다.

다른 자원으로는 인터넷의 활용과 전화 면담 등을 들 수 있습니다. 이것에 대해서 이어서 설명해보겠습니다.

인터넷을 이용하라

인터넷과 메일은 은둔형 외톨이의 치료에 큰 가능성을 갖고 있

습니다. 인터넷 때문에 은둔형 외톨이가 증가하고 있다는 이론
도 있습니다. 그 이론은 일리가 있다고 생각합니다. 그러나 부정
적인 측면을 잘 파악하면서 인터넷과 메일을 잘 사용하면 좋은
도구가 될 수 있습니다. 그 유용성을 살펴봅시다.

우선 첫 번째의 유용성은 자신 이외의 누군가와 연결될 수
있고, 외부 세계의 정보에 항상 노출될 수 있다는 점입니다. 설
사 얼굴도 모르는 제3자라고 해도, 은둔형 외톨이에게는 누군
가와 연결되어 있다는 느낌이 마음을 편하게 해줍니다. 통신을
한다는 것은 항상 무엇인가를 쓰는 행위이기도 합니다. 자신에
대해 쓰는 것 자체가 자신을 드러내는 상징적인 행위입니다. 그
리고 외부 세계를 향해서 자신을 내보이는 것을 용이하게 해줍
니다.

즉 이것은 은둔형 외톨이에서 탈출하는 하나의 기회가 됩니
다. 더욱이 이 기회에 참가하면 할수록 세상은 넓어져서 많은 사
람들과 동시에 대화를 하는 것도 가능해집니다. 거기서 또 한 발
짝 진전하게 되면 채팅하던 사람들과 오프라인에서 실제로 만날
수도 있습니다. 은둔 상태에서 탈출하는 것을 의미하는 오프라
인의 만남은 중요합니다. 그리고 이런 만남이 지속적인 만남으
로 연결될 가능성도 있습니다. 오프라인의 모임은 현실적인 타
인과의 교류이고, 은둔에서 탈출한다는 의미이기도 합니다.

두 번째의 유용성은 인터넷에 의한 정보 획득입니다. 은둔형 외톨이라는 검색어로 검색 엔진을 돌리면, 놀랄 정도로 많은 사이트가 뜹니다. 그 중에는 좀 의심스러운 사이트도 있지만, 대다수는 다양한 정보를 제공하고 있습니다. 더구나 이들 사이트는 매일 갱신되기 때문에 최신의 유익한 정보를 얻을 수 있습니다. 이들 정보를 유효적절하게 이용하는 것은 은둔형 외톨이에게는 중요한 사항입니다. 저도 이런 사이트를 보면서 최신 정보를 얻고 있습니다.

전화 면담을 활용하라

전화 면담도 인터넷처럼 자신 이외의 제3자와 연결된다는 의미에서 중요합니다. 전화를 활용하여 자신의 이야기를 한다는 것은 쓰는 것과 동일한 효과를 발휘합니다. 자신을 객관적으로 평가하는 계기가 될 것입니다. 전화 면담은 상대방이 일방적으로 끊을 위험은 없습니다.

스스로 '왜 이렇게 되었는지 알 수 없다, 이 상태에서 어떻게 하면 좋을지 모르겠다'라고 생각하는 은둔형 외톨이는 전화를 걸어서 "무엇을 면담해야 좋을지 잘 모르겠다"라고 말하는 경우도 있습니다. 그렇지만 우선 전화를 해서 시도를 해봐야 합니다. 아무것도 하지 않는 것보다 전화를 활용해보는 것이 은둔에서 탈출할 가능성이 훨씬 더 높습니다.

은둔형 외톨이의 프로세스를 알라

은둔 형태는 은둔형 외톨이의 사람 수만큼이나 가짓수가 많습니다. 그러나 어느 정도는 공통적인 프로세스를 보이기도 합니다. 여기에서는 쿠라모토 노부히코藏本信比古 씨 훗카이도 정신보건복지센터의 《은둔형 외톨이와 함께 가는 길》이라는 저서에서 소개된 프로세스를 제시하고자 합니다. 또한 토미다 후지야富田富士也 씨의 《다시 가는 순례》라는 저서에서 은둔형 외톨이에게 나타나는 마음 모색 단계를 10가지로 나눈 것을 서로 비교해가면서 구체적으로 서술해보려고 합니다.

1 — 혼란기

왜 이렇게 되었나 하고 혼란스러워하는 상태의 시기로서, 이 시기가 오래 지속되지는 않는다고 합니다. 이 시기에 당사자는 무리하게 혼란에서 벗어나려고 해서는 안 됩니다.

❶ - **불안** : 나의 장래는 어떻게 되는 것인가.

❷ - **분노** : 지금의 나는 나만의 책임인가, 그렇지 않으면 부모의 책임
인가.

❸ - **고민** : 아직도 나를 이해해주지 못하는 것인가.

❹ - **거절** : 아무리 말해도 소용없다!

❺ - **중압/압박감** : 고립되어 조용히 살자. 어떻게 이런 행동을 하는가.

❻ - **자기 부정**(혐오) : 폐나 끼치며 살고 있다.

2 - 안정기

혼란이 조금씩 안정되어가면서 소강 상태가 됩니다. 일단 멈춰
설 것을 권해 드립니다. 이 시기는 당사자가 아직은 외부로 향해
서 움직일 수 있는 상황이 아니므로, 무엇보다도 혼란스러운 마
음을 쉬게 하는 것이 중요합니다.

❼ - **휴식**(수용) : 때리지 마라.

3 - 망설이는 시기

은둔형 외톨이 자신이 어떻게 해야 할지 고민을 시작하는 시기
입니다. 당사자는 아직 외부를 향해서 움직일 수 없는 시기이지
만, 마음이 외부로 향하도록 도와줘야만 하는 시기입니다. 당사

자와 부모와의 사이에 최초의 대화가 시도되고, 제3자와 교류의 가능성이 열리는 시기입니다.

❽ – **꿈을 찾아 움직임** : 나는 아직 괜찮은가.

❾ – **같은 세대로 복귀** : 도대체 지금 나는 뭘 하고 있나.

4 – 움직이기 시작하는 시기

여러 가지 일이 일어나고 외부와 연결이 이루어지는 등 지금까지 없었던 무엇인가가 일어나서, '좋은 변화'가 생기는 시기입니다. 이 시기에 당사자는 부모와 대화를 하면서 자신의 페이스를 잡아가는 것이 중요합니다.

❿ – **다시 자세를 바로 잡아보고 싶은 여행** : 저 거리에서 태어나서 다시 변화해보고 싶다.

여기서 저는 다음과 같은 것을 지적하고 싶습니다. 쿠라모토 씨의 프로세스는 시도해볼 만한 가치가 분명히 있지만 모든 은둔형 외톨이가 그런 전형적인 경과를 밟는 경우는 거의 없습니다.

대부분의 은둔형 외톨이들은 혼란기, 안정기, 망설이는 시기가 서로 혼재되어 나타나면서 회복되어갑니다. 그리고 혼란기

에서 안정기, 더욱이 망설이는 시기로 움직여 나가는 순서도 꼭
순차적으로 이루어지지는 않습니다. 우여곡절을 거치고 여러
도움을 받으면서 앞으로 전진해갑니다.

　그러나 지금 어느 시기를 거치고 있는지를 아는 것은 중요합
니다. 자신의 상태를 파악하여 그것이 잘되어가고 있는지를 점
검해야 합니다. 이런 프로세스대로 해나가면 길은 반드시 열립
니다. 하지만 이 프로세스에 너무 얽매이지 않는 것도 중요합니
다. 그렇더라도 이 프로세스는 회복 과정에서 중요한 기준점 역
할을 합니다.

일시적인 평온과 '은둔형 외톨이'로 돌아가는 것

앞에서 그 프로세스대로 움직이는 경우는 실제로 거의 없다고
말씀드렸습니다. 설령 움직이기 시작하는 시기에 도달했다고
해도, 그것이 실제로는 일시적인 평온에 불과한 경우도 있습니
다. 다시 은둔으로 가는 경우도 종종 있기 때문입니다. 그렇다면
이렇게 되돌아가는 것을 방지하기 위해서 위기 파악을 어떻게
하면 좋은지에 대해 임상 사례를 통해서 구체적으로 설명하겠
습니다.

Q씨는 현재 30세의 여자입니다. 은둔을 27세경부터 시작했습니다. 두 자매의 장녀이고, 유소년기의 성격은 철저했습니다. 자신의 고향에서 고등학교까지 다녔고, 도쿄에 있는 대학을 졸업했습니다. 그리고 아버지는 자동차 회사의 엘리트 회사원으로 일만 아는 타입이고, 어머니는 교육열이 높은 전업주부였습니다. 동생은 자유스러운 성격의 소유자입니다. Q씨는 대학 졸업 후 도쿄에 위치한 호텔에 인테리어 디자이너로 취직했습니다. 직장은 자신이 바라던 곳이었으므로 일도 즐거웠고 개인생활도 충실하게 보냈습니다.

그러나 26세 때부터 무슨 이유에서인지 직장은 점점 힘들어졌고 결국은 회사를 그만두었습니다. 그후 혼자 사는 도쿄의 아파트에서 은둔이 시작되었습니다. 외출을 전혀 하지 않았고, 식사도 거의 하지 않는 생활이 3개월 정도 지속되었습니다. 전화도 받지 않을 정도로 완전히 외부와 단절했습니다. 부모가 걱정이 되어서 딸의 아파트에 가보았습니다. 아파트의 방은 아주 어두웠습니다. 부모가 아무리 말을 걸어도 대답도 하지 않았고, 살도 몹시 빠져서 여윈 모습이었습니다. 다른 방도가 없었기 때문에 집으로 데려왔습니다. 집에 와서도 처음 반년 동안은 말을 한 마디도 하지 않았습니다. 방에서만 계속 틀어박혀 지냈고, 식사도 방에서만 했습니다.

이런 상태가 지속되자 부모가 먼저 병원을 방문해서 면담을
받으러 계속 다녔습니다. 부모가 병원을 다니기 시작하면서부
터, 그때까지 이것저것 간섭하던 부모가 조금씩 변화를 보이자
본인도 방에서 나오는 횟수가 많아졌습니다. 자신의 방에서만
하던 식사도 거실에서 했습니다. 그때 부모가 "이제 많이 쉬었
으니까, 슬슬 일을 시작해보는 것이 어떠니?"라고 제안을 했습
니다. 그런데 그 다음날부터 다시 방에 틀어박혀서 나오지 않았
습니다. 또다시 식사도 방에서만 했습니다. 이것은 어떻게 된 일
일까요?

Q씨 자신도 어떻게 하면 좋을지 몰라서 은둔 생활을 하고 있
었던 것입니다. 그런데 부모가 병원에 다니면서 약간의 태도 변
화를 보이자, 조금은 안심이 되었던 것입니다. 그렇다고는 하나
Q씨 자신은 어떻게 하는 것이 나은 방도인지 생각할 수 있는 단
계가 아니었습니다. 그런데 부모는 그런 것도 모르고 너무 일찍
제안을 했던 것입니다. 그 제안은 그녀에게 바로 현실을 들이댄
것이나 마찬가지였습니다. 그래서 또다시 그녀를 곤혹스럽게
만들어버렸던 것입니다.

부모의 제안이 틀린 것은 아니었습니다. 하지만 그때는 아직
그녀가 그 제안을 받아들일 마음의 준비가 되어 있지 않은 상태
였습니다. 그런 일이 있고 나서 부모는 병원 방문을 계속했습니

다. 또다시 그녀는 자기 방에서 나오는 횟수가 많아졌습니다. 드디어 2년이 지난 후 그녀 자신이 직접 병원을 방문했습니다. 면담이 시작되었습니다. 그녀는 매주 내원했고, 점점 외출도 하게 되었습니다. 때로는 물건을 사러 나가기도 했습니다. 면담이 시작되고 나서 반년이 지난 후 그녀가 먼저 제안하기를, "상당히 기분이 좋아졌다. 사람을 만나는 것이 여전히 긴장되지만 그것을 극복하기 위해 편의점에서 일을 하고 싶다"고 했습니다. 치료진과 부모가 모두 합의했고, 짧은 시간이라도 무리하지 말라고 했습니다. 그러나 그 결과는 좋지 않았습니다. 그녀는 면접을 신청했다고 했지만 실제로는 면접을 보러 가지 않았습니다. 그러고 나서 다시 집 밖으로 나오지 않고 있습니다. 면담도 하러 오지 않습니다. 현재는 부모만 다시 병원에 다니고 있습니다.

그때 그녀 자신도 일을 하는 자신의 모습을 보고 싶어서 그렇게 말했겠지만, 현실적으로 일을 할 정신적 여유는 없었던 것입니다. 아무도 그것을 간파하지 못했습니다. 그런 사실도 모른 채 일을 하도록 권유한 결과, 그녀는 기가 죽어서 결국 다시 은둔해버리고 말았던 것입니다. 우리가 그녀의 제안을 승낙한 것은 잘못이었습니다. 그때 우리는 호전된 그녀의 상태에 정신이 팔려 제대로 판단을 못했습니다. 그때는 결코 그것이 잘못된 것이라고 생각하지 못했기 때문입니다. 은둔형 외톨이가 은둔에서 탈출을 시도할 때 우리는 좀더 신중해야 한다는 것을 절감했습니다. 은둔형 외톨이에서 탈출하는 데는 타이밍이 중요합니다. 이것은 은둔형 외톨이를 치료하는 많은 사람들이 언급하는 바입니다. 그러나 실제로 이 타이밍을 제대로 맞추기란 정말 어렵습니다. 그러므로 아주 신중해야 합니다.

대인 관계의 부활에 대해서

은둔형 외톨이가 은둔에서 벗어날 때, 반드시 대인 관계도 다시 형성하게 됩니다. 대인 관계는 이전에 누구나 다 했던 것입니다. 새롭게 습득해야 할 것은 아니라고 생각할지도 모르겠습니다. 그러나 은둔형 외톨이는 마치 대인 관계를 처음 하는 것처럼 여깁니다. 아니 처음 하는 것 이상으로 당혹스러워하고 힘들어합니다. 여기에 은둔형 외톨이의 심각성이 있고, 어려움이 있다고 저는 생각합니다. 그러면 어떻게 해야 대인 관계가 다시 새롭게 살아날 수 있을까요?

대인 관계의 상대로서 가족이 있습니다. 먼저 가족을 상대로 시작해야 합니다. 어떠한 접촉이라도 좋으니 시도하는 것이 중요한 포인트입니다. 구체적으로는 인사 등의 간단한 대화, 편지,

메일 등이 있습니다. 가족, 특히 어머니와의 접촉은 그런대로 유지하고 있는 은둔형 외톨이도 있습니다. 그러나 대개 어머니와의 관계는 의존적이어서 다 받아주는 관계가 많습니다. 그렇지 않으면 어머니를 공격하고 폭력을 휘두르기도 합니다. 위의 두 가지 관계가 상호작용하여 나타나면 상당히 불안정하게 됩니다. 이런 경우는 어머니에게 의존적인 것도 아니고 공격적인 관계도 아닌 대등한 입장에서 어머니와 관계를 맺어나가야 합니다. 어머니와 이런 대등한 관계를 형성하고 난 다음에는 외부 세계로 향하는 대인 관계가 확장되어갑니다.

대인 관계의 상대로서 처음에는 반드시 가족이지만, 그후에는 특정한 패턴이 있는 것은 아닙니다. 그러나 가족 이외의 사람으로서 아무것도 모르는 제3자는 적절하지 않습니다. 어느 정도 현재의 상황을 이해하는 사람이어야 합니다. 메일을 주고받는 사람이나 자조 그룹의 친구가 그런 상대가 될 수도 있습니다. 때로는 정신보건복지센터의 직원이나 보건소의 면담원이 상대가 되어주기도 합니다. 또는 치료자가 그 역할을 해주기도 합니다. 어떻든 그 다음 단계로 나아가고 있는 것입니다.

최종적으로 제3자와의 대인 관계가 시작됩니다. 간단한 일을 시작하거나 전문학교에 다니거나 정식으로 취직하는 단계입니다. 여기까지 오면 탈출을 성공한 것이나 마찬가지입니다. 그 이후에는 다시 되돌아가는 경우가 드뭅니다. 자신의 귀중한 체험을 살려서 앞으로 전진해 나갑니다.

지역 네트워크의 활용

은둔형 외톨이가 은둔에서 탈출을 시도하고, 지역에서 생활하기 위해서는 지역 네트워크의 활용이 불가피합니다. 안정된 상태를 유지하기 위해서뿐만 아니라, 과민함을 조절하기 위해서도 지역 네트워크의 이용은 중요합니다. 지역 내 의료 기관을 이용하고, 사회 참여를 계속하기 위해서는 정신보건복지센터, 자조 그룹, 지역의 보건소 등을 활용해야 합니다. 취직까지의 경제적 부담을 경감하기 위해 정부의 지원을 신청하는 것도 필요합니다.

그리고 자원을 보다 원활하게 활용하기 위해서는, 이들 기관들이 연대하여 긴밀하게 움직이는 것이 중요합니다. 그러나 아직은 이들 기관들이 연대 정비를 해나가는 발전 단계에 있기 때문에 앞으로의 사회적 과제로 남아 있습니다.

제 5 장

가족은 어떻게 대응을 해야만 하는가

어머니가 모자일체화의 저주에서 풀려나서 한 사람의 인간으로서 살아 가야만 합니다. 동시에 아버지도 가정에서 도망칠 것이 아니라, 한 사람의 인간으로서 자신의 가정에서 일어나는 일에 관심을 가지고 변화시켜 나가지 않으면 안 됩니다. 그리고 부모들 스스로가 자신들의 상황을 객관적으로 보기 위해 의료 기관뿐만 아니라 도움을 줄 수 있는 제3자와 대화하여 이 상황을 타개해 나가야만 합니다.

모자일체화의 폐해

은둔형 외톨이의 가족 관계에서 흔히 보이는 가장 큰 특징은 '모자일체화'라고 부르는 현상입니다. 모든 은둔형 외톨이의 가족에게서 이런 현상을 볼 수 있는 것은 아닙니다. 부모가 이혼하거나 사별해서 어머니가 없는 가정도 있습니다. 그러나 실제로는 대부분의 은둔형 외톨이 가정에서 볼 수 있고, 은둔형 외톨이의 만성화를 초래하는 하나의 원인으로 생각되는 것이 모자일체화입니다.

은둔형 외톨이가 된 다음부터 어머니와 은둔형 외톨이와의 관계가 모자일체화가 돼버리는 경우도 있습니다. 또한 모자일체화의 결과로서 은둔형 외톨이가 되는 경우도 있습니다. 그러나 결과적으로는 아무 차이가 없습니다. 가능한 한 빨리 모자일체화를 해소하는 것이 은둔형 외톨이에서 탈출하는 데 도움이 됩니다. 그런데 실상을 보면 이 관계가 너무나 견고하고, 그렇게 서로 의존하며 자신들을 유지해가고 있습니다. 그러므로 그런 관계를 쉽게 해소하기는 대단히 어렵습니다. 어떤 경우는 모자가 그것을 전혀 의식하지 못하는 경우도 종종 있습니다.

모자일체화된 관계를 공생 관계 또는 상호의존이라고 부릅니다. 여기서 상호의존에 빠져 있는 모자 관계의 임상 사례를 제시하려고 합니다. 이런 사례를 통해서 구체적인 모자 관계를 제시하고 그 대응책을 모색해보고자 합니다.

R양은 현재 22세의 여자입니다. 아버지는 회사원이고 온순한 성격의 소유자입니다. 어머니는 전업주부이고 활기찬 성격의 소유자입니다. R양은 무남독녀입니다. 고등학교 때까지는 특기할 만한 것이 전혀 없는 그저 평범한 보통 학생이었습니다. 고교 졸업 후 슈퍼마켓에 취직했는데, 학창 시절에 많은 친구를 사귀었던 것처럼 직장에서도 친구가 많아서 즐겁게 하루하루를 보냈습니다. 아버지는 운전사로 전국 각지를 돌아다녔습니다. 그러나 그녀가 중학교에 입학한 후 약 10년 동안은 지방 근무를 해서 실제로는 거의 아버지가 없는 가정 분위기 속에서 성장했습니다. 이런 이유에서인지는 몰라도 모녀의 연결은 무척 강했습니다. 쇼핑할 때도 항상 같이 다녀서 그녀의 친구들로부터 일란성 쌍둥이라고 놀림을 받을 정도였습니다. 그녀가 취직한 지약 2년 후 20세가 되었을 때 직장에서 불미스러운 일이 생기는 바람에 회사를 그만둘 수밖에 없었습니다. 그 이후부터 집에서 나오지 않았고, 대화를 하는 사람은 단지 어머니뿐이었습니다. 친구를 전혀 만나지 않았고, 전화 통화조차 하지 않았습니다. 어머니가 볼 일 때문에 외출을 하려고 하면 울면서 못 가게 했습니다. 어머니는 하루 24시간 내내 그녀와 붙어 지냈습니다. 이런

생활이 반년 정도 지속되다 보니 어머니는 너무나 피곤했습니다. 결국 어머니가 먼저 이런 문제를 상담하기 위해 병원을 찾아왔습니다. 어머니와 면담한 지 2개월 정도가 경과되었을 때, 그녀도 병원에 오고 싶다고 하여 면담이 시작되었습니다.

첫 면담 시 그녀는 은둔형 외톨이의 상태를 괴로워하고 있었습니다. 그녀는 '빨리 여기에서 벗어나고 싶다, 사회에 복귀하여 일하고 싶다'는 요지로 말했습니다. 그녀와 어머니는 따로따로 면담을 받게 했습니다. 그러나 그녀는 어머니와 함께 면담받기를 강력히 원했습니다. 어쩔 수 없이 그녀의 어머니를 동석시켰는데, 어머니는 그녀가 면담중에 말하기 어려워하면, 그때마다 옆에서 말참견을 했습니다. 몇 번이나 동석하는 것을 중지시키려고 했으나, R양은 어머니가 없으면 면담을 할 수 없다고 했습니다. 어쩔 도리가 없었기 때문에 계속해서 어머니와 함께 면담을 했습니다. 그 당시 집에서도 모녀는 아주 밀착되어 있었고, 모든 보살핌을 어머니가 해주고 있었습니다. 그녀가 사고 싶은 물건이 있으면 반드시 사주었고, 먹고 싶은 것이 있으면 한밤중에라도 만들어주는 생활을 했습니다. 어머니는 저에게 "이 애가 은둔형 외톨이에서 벗어날 수만 있다면 무엇이라도 하겠다"고 말했습니다. 제가 조금 거리를 두는 것이 회복의 지름길이라고 말하면 이해하는 듯한 표정을 지었습니다. 그러나 결과는 아무것도 변하지 않고 언제나 그대로였습니다.

면담을 시작한 지 1년 반이 지난 지금, 항상 그런 것은 아니지만 세 번에 한 번 꼴 정도는 R양 혼자서 면담을 받고 있습니다. 또 편의점에도 혼자 갑니다. 따라서 어머니도 혼자서 볼일을 볼 수 있게 되었습니다.

바로 R양과 어머니의 관계가 '상호의존' 또는 '공생 관계'라고 말하는 경우에 해당됩니다. 물론 은둔형 외톨이의 모든 모자 관계가 의존적인 것은 아닙니다. R양과 어머니의 관계는 그 정도가 특히나 지나친 경우입니다. 그러나 많든 적든 간에 은둔형 외톨이에게서는 이처럼 공생 관계라고 부를 만한 모자 관계가 형성되어 있는 경우가 허다합니다. 그런데 이런 공생 관계가 은둔형 외톨이의 상태를 유착시키고 만성화시키는 요인이 된다는 점이 문제입니다.

'상호의존'이라는 말은 원래 알코올의존증의 가족을 연구하면서 흔히 사용했던 용어입니다. 그렇지만 현재는 보다 광범위하게 사용되고 있습니다. 알코올의존증의 경우, 가족 관계 특히 부부 관계에서 이런 상호의존성을 볼 수 있습니다. 알코올의존증의 부인은 남편의 음주벽과 폭력에 장기적으로 노출됩니다. 결국은 이런 상태가 오랫동안 지속되어 오면서 그 부부 관계는 서로 적응되어 상호의존하는 관계를 이루게 됩니다.

즉 부인은 '알코올의존증을 보살펴주는 부인'으로서 자신의 역할을 다하고, 남편은 점점더 '부인에게 의존하는 남편' 역할을 하게 됩니다. 그리하여 알코올의존증이라는 병, 그것은 상호의존 속에서 알코올 없이는 살아갈 수 없는 불안정한 부부 관계를 만들면서 악화됩니다. 더욱 나쁜 것은 상호의존하는 당사자들이 타인의 개입을 싫어하고 거부한다는 것입니다. 다른 사람이 개입하면 마치 자신들의 살아 있는 의미가 상실돼버리기라도 하는 양 강한 거부감을 보입니다.

R양이 처음에 혼자서 진료받는 것을 거부한 이유도 바로 그 상호의존 때문이었습니다. 어머니가 먼저 면담을 받자, 그녀는 상호의존이 깨질까 봐 걱정을 했던 것입니다. 결국은 그녀도 면담을 받으러 다님으로써 그런 불안감을 해소하는 한편, 진료실에서 어머니와 함께 면담을 받음으로써 상호의존을 유지해 나갔던 것입니다. 그녀가 의식적으로 그렇게 한 것은 아니었지만 상호의존을 통해서 자신의 존재 가치를 확인하고자 했던 것입니다. 항상 그렇지는 않지만 R양은 이제 면담을 혼자서 받게 되었고, 서서히 은둔 상태에서 탈출하고 있습니다. 이것은 모자일체화의 저주에서 풀려나는 상황이라고 여겨집니다.

이렇게 모자일체화는 은둔형 외톨이가 되기 이전부터 존재했거나 또는 은둔의 필연적 결과로서 생겨났든 간에 관계 없이 은둔 상태를 만성화시키고, 상호의존을 활성화시켜 서로를 칭칭 옭아매게 됩니다.

그런 모자일체화를 부수고, 모자가 각각 자신의 인생을 걸어가는 것이야말로 은둔에서 탈출하는 좋은 방법이라고 저는 생각합니다. 상호의존을 하고 있을 때는 모자일체화로 인한 폐해를 알지 못합니다. 그래서 유착 상태가 계속되는 것입니다. 이런 경우 모자는 먼저 자신들의 상태가 어떤지를 제3자에게 평가받는 것이 중요합니다.

아버지 역할의 저하

지금까지 모자일체화의 폐해에 대해서 말씀드렸습니다. 이제부터는 아버지의 존재가 은둔형 외톨이에게 어떤 영향을 미치는지에 대해 설명해보기로 하겠습니다.

은둔형 외톨이의 아버지상은 공통적으로 일만 하는 아버지가 대부분입니다. 가정에 대한 아버지의 영향력은 매우 적습니다. 그 대신 어머니가 가정을 도맡아서 자녀들을 열심히 돌봅니다. 그 결과 모자일체화는 강화되어갑니다. 앞에서 예를 든 R양의 아버지처럼 사회적인 관점에서 보면 썩 괜찮은 아버지가 많습니다.

　알코올의존증으로 가족에게 폭력을 휘두르고, 게임에 미쳐 돈을 빌리러 다니는 성격 파탄자를 아버지로 둔 은둔형 외톨이는 거의 없습니다. 아버지가 성격 파탄자라면 자녀들에게 분명히 악영향을 미치지만 그런 난폭한 아버지의 존재는 가족 속에서 부각되어 있습니다. 이런 가정에서는 어떻게 살아남느냐 하는 문제 때문에 불안이 항상 강하게 도사리지만, 모자가 서로서로 격려하면서 노력할 수도 있습니다. 그러나 이런 경우는 자녀의 입장에선 정신적인 부담이 너무나 크기 때문에 자라서 사춘기가 되면 대인 관계가 불안정해집니다. 때로는 이런 가정에서 자라는 자녀들이 어린 시절부터 어른 역할을 강요받게 되어 애어른이 되어버리는 경우도 있습니다. 또한 이런 가정에서 자라는 자녀들은 어른이 되었을 때 성격이 왜곡되어 나타나는 경우가 많습니다.

　은둔형 외톨이가 어느 가정에서나 발생할 수 있는 것처럼 은둔형 외톨이의 아버지도 어디에서나 볼 수 있는 보통의 아버지인 경우가 많습니다. 다만 가정 일에는 등한시하고 오직 일에만 매달리는 아버지가 대부분이긴 합니다. 이런 점은 모자일체화를 강화시키게 됩니다.

　우선은 어머니가 모자일체화의 저주에서 풀려나서 한 사람의 인간으로서 살아가야만 합니다. 동시에 아버지도 가정에서

도망칠 것이 아니라, 한 사람의 인간으로서 자신의 가정에서 일어나는 일에 관심을 가지고 변화시켜 나가지 않으면 안 됩니다. 그리고 부모들 스스로가 자신들의 상황을 객관적으로 보기 위해 의료 기관뿐만 아니라 도움을 줄 수 있는 제3자와 대화하여 이 상황을 타개해 나가야만 합니다.

가치관의 강요

이것은 모든 정신질환에 해당되는 것이긴 하지만, 특히나 은둔형 외톨이의 경우에 매우 조심해야 합니다. 은둔형 외톨이의 증상이 악화될 때는 무리하게 강요해서는 안 됩니다. 회복 기미가 나타나면서 변화를 처음 보일 때 특히 무리해서는 안 됩니다. 대부분 이럴 때 강요를 하는 경우가 많습니다.

은둔형 외톨이의 증세가 악화되거나, 연일 죽고 싶다고 호소하거나, 외부 세계에 대한 공포에 질려 있거나 할 때는, 가족들은 은둔형 외톨이가 살아만 있어도 좋겠다고 생각합니다. 그러나 상태가 좋아져서 회복 단계에 이르면, 대부분의 가족들은 이 시기가 매우 중요한 때라는 것을 인식하기에 앞서 자신들의 가치관을 강요하려고 합니다. 그 결과 또다시 은둔해버리는 일이 종종 발생합니다. 그러면 이 시기에 구체적으로 어떻게 주의하면 좋은지를 여기에서 언급하도록 하겠습니다.

첫째 가족들이 가장 많이 범하는 실수는 설교, 비판, 명령, 부정적 태도 등의 행동을 보이는 것입니다. 우리들도 대부분 그렇지만, 은둔형 외톨이들의 가족들도 '일하지 않으면 안 된다', '자기 앞가림을 하지 않으면 안 된다', '사회 참여는 우리들의 의무다'라는 등등의 관념에 사로잡혀 있습니다. 그래서 '언제까지 이런 식으로 가야 하는가'라고 설교한다든지, '이런 식으로 된 것은 결국 네 탓이다'라고 비난한다든지, '빨리 밖으로 나가라'라고 명령하든지, '이제 대충 그만하지'라고 부정한다든지 하게 됩니다.

가족들의 기분을 이해 못하는 것도 아닙니다. 하지만 은둔형 외톨이도 이렇게 해야 한다는 것을 잘 알고 있습니다. 그러나 그 방법을 몰라서 당황해하고 있는데 어떻게든 해보라고 강요하는 것은 아무런 도움이 되지 못합니다. 오히려 은둔형 외톨이를 초조하게 만들어서 관계만 악화시키고, 은둔형 외톨이를 만성화시키는 요인이 될 뿐입니다.

따라서 가족들은 먼저 현실을 인정하는 것이 대단히 중요합니다. 구체적으로 가족들은 '지금, 여기에서'의 기분을 솔직히 말하면서 긍정적인 메시지를 지속적으로 보내야 합니다.

둘째 은둔형 외톨이의 기분을 탐색하면서 조종하려고 해서는 안 됩니다. 은둔형 외톨이 자신도 현재의 상태가 괴롭기 때문에 하루 빨리 이 상태에서 벗어나고 싶어하고 있습니다. 파고들면서 조종하려고 하면 오히려 은둔형 외톨이의 의구심만 불러일으킵니다. '부모는 정말로 아무것도 모른다, 부모가 이런 식이라면 밖으로 나갈 수 없다' 라고 은둔형 외톨이는 생각해버립니다.

이렇게 되지 않기 위해서는 가족들은 먼저 당사자의 기분이 어떤지를 당사자의 입장에서 생각하고, 사실을 있는 그대로 전달하도록 해야 합니다.

구체적으로 예를 들면 '왜 밖으로 나갈 수 없는가'라고 말하지 말고, '걱정이 되지만, 지금은 밖으로 나갈 수 없는 것이네'라는 식으로 말하는 것이 좋습니다.

여기에서 서술하고 있는 것은 어디까지나 이상적인 대응 방법입니다. 가족들은 이런 것들을 다각도로 경험해보면서 보다 좋은 방법을 발견해 나가야 합니다. 그러므로 가족들은 결코 초조해해서는 안 됩니다. 은둔형 외톨이 본인뿐만 아니라 가족들도 결론을 성급하게 내지 말아야 합니다. 지금 현재 가능한 것이 무엇인지, 무엇을 할 수 있는지를 생각하는 방향 쪽으로 나가야 합니다.

가족의 초조함

은둔이 장기화되면, 가족은 '언제까지 이런 상태로 계속 살아야 하나', '이 애와 우리들의 장래는 어떻게 되는 것인가' 등 오만 가지 생각으로 초조해하게 되는데, 그러는 것은 너무나 당연합니다. 이런 상태일수록 가족이 초조해해서는 안 된다는 것을 알고 있지만, 그래도 마음이 초조해지는 것은 어쩔 수 없습니다.

이것에 대한 해답의 힌트는 '모자일체화'와 '아버지 역할의 저하'에서 찾아야 합니다. 모든 은둔형 외톨이의 가족이 그러한 것은 아니지만, 많은 경우 어머니는 자식에 대해 너무 지나치다 싶을 정도로 관심을 보이고, 그런 반면에 아버지는 관심이 너무 적습니다. 모자일체화의 폐해는 앞에서 서술한 그대로입니다. 어머니도 어머니이기 이전에 한 사람의 인간이기 때문에 자신의 인생을 살아가야 한다고 생각합니다.

예를 들면 어머니도 친구를 만나서 차도 마시고, 취미 모임에도 나가고, 영화와 연극도 보러 가야 합니다. 그것이 좋은 것입니다. 괴로워하고 있는 아이를 두고 어떻게 놀러갈 수 있겠느냐고 걱정하거나 죄책감을 느낄 필요가 없습니다. 이렇게 어머니가 한 사람의 인간으로 자신의 삶을 살아가면 결과적으로는 반드시 좋은 방향으로 가게 됩니다. 어머니가 활기차면 자식에게도 즐거움을 줍니다.

또한 아버지는 좀더 자식에게 관심을 가져야 합니다. 은둔형 외톨이로 집안 전체가 교착 상태에 빠질 때, 아버지는 '자신은 이때까지 아무것도 하지 않았는데, 이제 와서 무슨 말을 하면 오히려 안 좋아'라고 생각할 수 있는데 그럴 필요가 전혀 없습니다. 자신에게 관심을 가지지 않았다고 반발하는 자식에게 아버지의 변화는 즐거운 일입니다. 설사 은둔형 외톨이가 아버지의 변화에 대해서 아무런 반응을 보이지 않는다고 해도, 결과적으로는 좋은 방향으로 가게 됩니다. 그리고 만약 부자간에 직접 대화를 하기가 어려우면, 메일을 이용하여 간접적으로 대화를 하는 방법도 있습니다. 이렇게 해도 은둔형 외톨이는 별로 진전을 보이지 않을 수도 있습니다. 그러면 아버지 입장에서는 별다른 변화가 없는 은둔형 외톨이 자식의 모습에 실망스러울지 모르겠지만, 이것은 완전히 잘못 생각하는 것입니다. 은둔형 외톨이 자식은 여러 가지를 생각하고 있다는 것을 반드시 알아야 합니다.

가족에게서도 은둔하고 있는 경우

일반적으로 은둔형 외톨이는 외부 세계는 무서워하면서도 집안에서는 폭력적인 성향을 보일 수 있습니다. 가정 내 폭력을 수반하기도 하고, 식사를 자신의 방으로 가져와서 먹기도 합니다. 그러나 약 과반수의 은둔형 외톨이들은 가족에게서도 은둔하고 있습니다. 자기 방에서 한 발짝도 나오지 않는 경우도 허다합니다. 가족에게도 전혀 말을 걸지 않을 뿐더러 하루 종일 이불 속에서만 지냅니다. 더욱이 수염도 깎지 않고, 화장실에 가는 대신 빈 병에다 볼일을 보면서 모든 것을 자신의 방에서 해결합니다. 그래서 가족 이외의 사람, 예를 들면 친척, 의료 기관의 사람 등이 집에 오는 것을 당연히 극단적으로 싫어합니다.

이렇게 가족에게서도 은둔하고 있다면 어떻게 대화를 시작하는 것이 좋은지 생각해봅시다. 자기 방에서 전혀 나오지 않는 은둔형 외톨이에게 '어떻게 하면 좋니' 라든지 '가끔 바깥 공기도 마시고 그러렴' 하는 식으로 괴로움을 조장하는 말은 좋지 않습니다. 당사자 자신도 이유를 모른 채 밖으로 나가지 못하는 괴로움을 맛보고 있다는 사실을 기억해주기 바랍니다. '그렇게 할 수만 있다면 하지 왜 안하겠나, 정말로 내가 왜 그러는지 모르겠다'라고 생각하고 있는 것입니다.

만약에 가족이 무엇이라도 해주고 싶은 것이 있다면, 당사자가 부담을 느끼지 못하도록 신경써서 말하는 것이 좋습니다. 일례로 방을 노크해도 아무런 대답이 없다면 당연하게 받아들이면서, 그때도 사실만을 간결하게 전하는 것이 좋습니다. '오늘은 말하고 싶지 않은 모양이구나' 혹은 '지금은 나가고 싶지 않구나' 등으로 말해주면 좋습니다. 설령 당사자가 대답을 하지 않더라도 반드시 가족에게 주의를 집중하고 있다는 사실을 명심하셔야 합니다. 이렇게 사실을 간결하게 계속 전달하는 것이 중요합니다. 그러나 사실을 간결하게 전달했다 하더라도, 그후에 '자…' 하고 여운을 남기는 식의 말을 해서는 결코 안 됩니다. 그런 식의 말은 은둔을 더욱 악화시킵니다.

가정 내 폭력의 대응 방식

먼저 대전제로서 말씀드리고 싶은 것은 폭력을 절대 받아들여서는 안 된다는 것입니다. 때때로 청소년 전문가조차도 자식의 폭력을 '받아주어야 한다'거나 '지금은 부모의 애정을 표시해야 하는 때'라고 하는 식으로 견해를 밝히기도 합니다. 그러나 그런 의견은 절대로 옳지 않습니다. 폭력을 용인하는 것은 연쇄적인 폭력만을 불러일으킬 뿐입니다.

여기서 가정 내 폭력을 동반하는 S군의 임상 사례를 보기로 하겠습니다. 그는 25세의 남자입니다. 삼 남매 중 장남으로 남동생과 여동생이 있습니다. 유소년기 때는 나무랄 데라곤 전혀 없고 공부를 잘하는 괜찮은 아이였다고 합니다. 전문학교를 졸업한 후에는 자동차 부품 회사에 취직하여 잘 다녔습니다. 그런데 회사에 다닌 지 약 2년쯤 됐을 때 일을 잘못하여 상사에게 호되게 질책을 받았는데 그것이 계기가 되어 회사를 그만두었습니다. 그후 집에서 은둔하고 있는데, 기간은 대충 5년 정도 됩니다.

은둔한 지 1년 후 본인뿐만 아니라 가족도 이대로는 안 되겠다고 생각하여, 집에서 가까운 정신병원에서 통원 치료를 받았습니다. 약물을 복용하면서 통원 치료를 받았지만, 주치의와 이야기가 통하지 않는다는 이유로 2개월 정도 치료를 받고 나서 중단해버렸습니다.

그후 다시 완전히 사회에서 은둔해버렸습니다. 22세가 되어서야 자신의 상태에 대해 초조감을 강하게 느끼게 되어 스스로 병원을 찾아왔습니다. 어머니는 밝은 성격이었고, 아버지는 일만 아는 사람이었습니다.

그는 면담할 때마다 매번 긴장하는 모습을 보였습니다. 그리고 사람과 대화하는 것이 몹시 싫다고 호소했습니다. 부모에 대한 원망을 종종 표현하기도 했습니다. "아버지가 자신이 어릴 때 체벌을 했다. 아무래도 그것을 용서할 수 없다", "어머니가 나를 전혀 이해하지 않아서 이런 인간이 되었다", "부모의 탓으로 이렇게 되었는데도 부모는 아무것도 하지 않고 있다”고 말했습니다.

부모와는 전혀 말을 섞지 않고, 어머니가 만든 식사를 집어던지고, 식기 받침대와 손잡이를 부수었습니다. 또한 한밤중에 목욕탕에 들어가 큰 소리를 지르고, 세면도구를 두드리기도 했습니다. 그러나 면담은 정기적으로 했습니다. 면담하는 동안 긴장한 탓에 땀을 흘리기는 했지만, 이야기는 잘했습니다. 그에게서는 뭔가가 계속 만족되지 못한다는 인상을 강하게 받았습니다.

면담한 지 약 반년쯤 지났을 때부터, 갑자기 어머니를 때리는 행동이 나타났습니다. 어머니는 맞으면서 가만히 있었는데, 그날 밤에 아버지가 그 이야기를 듣고서 S군과 밤늦게까지 입씨름을 했습니다. 그날은 그 정도로 끝났습니다. 하지만 다음날 그는 부모에게 달려들어 “죽여버리겠다”고 외치면서 발로 차기 시작했습니다. 저의 병원으로 연락이 왔길래 저는 경찰을 부르라고 했습니다. 경찰이 도착했을 때는 이미 난폭스러움이 사라진 다음이었고, 부모도 밖으로 피신해 있어서 경찰은 잠시 머물다가 돌아갔습니다. 부모는 그날 호텔에서 숙박을 했습니다. 그 다음날 부모가 집으로 돌아와보니 그는 이미 안정되어 있었습니다. 그런 일이 있고 난 후 한동안은 평온한 날들이 이어졌습니다. 면담은 매주 계속되었습니다. 하지만 면담중에 전혀 말을 하지 않는 시간이 점점 늘어갔습니다. 마침내 1년 후 면담이 의미가 없다고 투덜거리면서 면담을 종결해버렸습니다. 그렇지만 부모는 그후에도 정기적으로 면담을 하고 있습니다.

S군이 24세 때 또다시 어머니를 때렸고, 그것을 제지하려고 하는 아버지도 때리는 사건이 일어났습니다. 이때는 어머니가 그에게 맞아서 얼굴에 심하게 상처를 입는 바람에 한밤중에 응급실로 가는 상황이 벌어졌습니다. 그후 저와의 면담을 통해 부모는 집으로 돌아가지 않고, 각각의 본가로 갔습니다. 1개월 동안 부모는 집을 떠나 있었습니다. 드디어 부모가 집으로 돌아왔습니다. 그는 여전히 변함없이 집에서 은둔하고 있었습니다. 그렇지만 부모가 편지를 쓰면 답장은 하는 정도는 되었습니다.

하지만 그 편지에는 여전히 "너희들은 아무것도 안 해" 혹은 "빨리 죽어" 혹은 "이미 늦었어"라고 쓰고 있었습니다. 그러나 그가 부모를 완전히 무시하는 것은 아닌데다 무엇인가를 해보고 싶어한다는 느낌이 전해지긴 했습니다.

은둔형 외톨이의 경우 가장 어려운 문제는 가정 내 폭력이라고 생각합니다. 그러나 폭력에는 반드시 저항하는 자세를 가져야 합니다. S군의 부모도 처음에는 어떻게 해야 좋을지 몰라 망설이긴 했지만, 나중엔 폭력을 절대로 받아주지 않았습니다. 그도 마음속으로는 누군가가 자신의 폭력을 멈추어주었으면 하고 바라고 있는 것입니다. 표면적으로는 분노를 드러내고 있지만,

사실은 마음 한 구석에 자리 잡은 슬픈 감정으로 인해 이러지도 저러지도 못하는 자신을 구제받고 싶어하는 것입니다.

다시 한 번 강조하지만 폭력은 절대로 받아들여서는 안 됩니다. 그렇지만 대항해서도 안 됩니다. 폭력을 받아들이면 다음 폭력으로 상승합니다. 은둔형 외톨이의 괴로움은 폭력으로 치환되어 있습니다. 대항하여 폭력에 폭력으로 맞서게 되면 상처를 입는 것은 거의 부모 쪽입니다. 그러나 폭력에 대해 저항의 표시는 분명히 해야 합니다. 말로써 확실하게 해두어야 합니다. 그리고 심한 폭력에 대해서는 의연한 태도를 견지해야 합니다. 필요할 때는 주치의와 면담하여 경찰의 개입도 고려해야 합니다.

또한 전날부터 기물을 부수고 목욕탕에서 소리를 지르면서 폭력이 일어날 기미가 보이면, 다른 친척들을 집으로 불러 같이 자는 것이 좋습니다. 이런 방법은 상당히 효과적입니다. 다른 친척이 집에서 같이 자는 날은 대개 폭력을 보이지 않습니다. 이렇게 제3자를 폭력에 개입시켜 예방하는 것은 훌륭한 방법이라고 생각합니다. 가정 내 폭력은 정말로 가정 내에서만 일어나는 것이기 때문에 가족 외의 사람이 있으면 일어나지 않습니다. 한편 폭력을 아무리 막는다 해도 은둔형 외톨이의 슬픔과 괴로움이 없어지는 것은 아닙니다. 폭력은 부정되어야 하지만, 반드시 계속 주시해야 합니다.

'너를 많이 생각하고 있고, 중요하게 여기고 있다. 하지만 폭력은 반대다. 폭력은 아무것도 해결해주지 않는다'라고 말할 필요가 있습니다. 만약 그런 말을 주고받을 상황이 아니라면 편지와 메일을 보내는 것도 좋습니다. 어쩌면 답장이 없을 수도 있겠지만, 그래도 반드시 계속해야 합니다.

S군의 경우도 부모가 집을 나갈 때 편지를 남겨두었습니다. 그리고 계속해서 편지를 보냈습니다. 내용은 주치의와 상의했습니다. '걱정하고 있다. 그러나 다음을 생각해서 지금은 돌아갈 수 없다. 필요한 물건을 살 돈은 보낸다'라는 식의 내용이었습니다. 이상의 것들을 정리해보면 다음과 같습니다.

❶ – 폭력은 절대 안 된다는 것.

❷ – 의연한 태도를 보여야 한다는 것.

❸ – 제3자의 개입이 효과적이라는 것.

❹ – 심한 폭력에는 경찰의 개입을 사양해서는 안 된다는 것.

❺ – 반드시 잘 주시해야 한다는 것.

그리고 폭력 발생시는 정신과 의사 등의 전문가와 상담하는 것도 잊어서는 안 됩니다.

가족과의 커뮤니케이션

은둔형 외톨이에 대한 커뮤니케이션에서 가장 중요한 것은 부모가 반드시 동등한 자세를 취해야 한다는 것입니다. 일반적으로 은둔형 외톨이들은 부모에 대해 간섭이 심한 어머니와 무관심한 아버지라는 인식을 갖습니다. 지금까지 말한 바와 같이 당연히 부모 각자가 제역할을 수행해야겠지만, 협력하는 것도 중요합니다. 자식이 부모와의 공생 관계에 빠져 있고, 가족에게서도 은둔할 때는 부모가 협력하여 각자 해야 할 일을 조정하는 것이 필요합니다.

구체적으로는 상호의존에 빠져 있는 어머니에게 아버지가 '이 상황은 결코 좋은 것이 아니다. 다시 한 번 이 상황을 점검해보자. 안 된다면 의사에게 가보자'라는 식으로 말해야 합니다.

가족에게서도 은둔하는 은둔형 외톨이에게는 격려하거나 설교하거나 탐색해서는 안 됩니다. 우선은 별다른 의미가 없는 말이라도 해야 합니다. 예를 들면 안녕, 밥 먹어라 등과 같은 부담 없는 말이 좋습니다. 이런 말들은 상태가 좋아지게 되면 신뢰 관계를 형성하는 데 큰 도움이 됩니다. 그러나 단 한 번에 그렇게 되지는 않습니다. 별것 아닌 일상생활에서 시작해야 합니다. 반드시 신뢰 관계가 조금씩 쌓여 나가도록 해야 합니다. 은둔형 외

톨이 당사자가 뭔가를 이야기하고 싶어할 때 절대로 자극해서
는 안 됩니다. 부모는 그냥 조용히 앉아서 경청하는 것이 좋습니
다. 그렇게 되면 다음에는 말을 하게 됩니다. 그 이후에도 부모
는 같은 자세를 유지하는 것이 좋습니다.

'이해받고 싶지 않다'고 할 때의 대처법

은둔형 외톨이는 특히 초기에 '이해받고 싶지 않다, 몰라도 된
다'라는 식으로 말하곤 합니다. 실제로 은둔형 외톨이 자신도 어
떻게 된 것인지 모르는 경우가 많습니다. 그래서 힘이 빠지고 자
신감을 잃고 안절부절하는 상태에 지배당하게 됩니다.

그런 상황에 놓여 있을 때 부모가 '이대로가 좋은가', '네 친구
들은 열심히 일하고 있는데', '잠깐이라도 밖에 나가보라'는 등등
의 질책과 격려를 하면 은둔형 외톨이는 어떻게 느낄까요? 더욱
자신감을 잃고 우울해하거나 부모에 대해 분노를 느끼게 됩니다.

질책과 격려, 그 어느 것도 좋은 방향으로 가는 길이 못됩니
다. 이것은 만성화로 가는 데 도움이 될 뿐입니다. 또한 더욱 나
빠지면 그런 분노가 가정 내 폭력으로 발전되기도 합니다.

그런데도 질책과 격려가 나중에까지 지속되면, '정말로 부

모는 자신의 상태를 전혀 모른다'고 계속해서 말하게 됩니다. 그렇기 때문에 처음에는 질책도 격려도 하지 말고, 그냥 있는 그대로를 받아들여야 합니다. 이렇게 우선 당사자의 기분을 이해해야 합니다. 섣불리 설득 같은 것을 하려고 하지 마십시오. 기분 그대로를 인정해주는 것이 가장 좋습니다.

예를 들면 '지금은 밖에 나가는 것이 어려운 모양이구나, 지금은 힘든 때인가 보구나'라는 식으로 부모의 느낌 그대로를 전달하는 것이 좋습니다. 상대방을 조정하려고 해서는 안 됩니다. 은둔형 외톨이를 100퍼센트 이해하는 것은 불가능합니다. 펼쳐지는 상황 그대로를 사실로 받아들이고, 부모의 기분을 은둔형 외톨이에게 전달하는 것이 무엇보다 중요합니다.

어디까지 받아들일 것인가

설교와 질책 그리고 격려는 만성화를 초래하는 하나의 원인이라는 것을 지금까지 언급했습니다. 그렇다면 전부 다 받아들이는 것만이 능사인가 하면 꼭 그렇지도 않습니다. 모든 것을 받아들인다면, 그것은 그것대로 은둔형 외톨이를 기분 나쁘게 만들고, 심하면 폭력으로 발전하게 됩니다. 여러 차례 말씀드렸듯이,

폭력을 절대로 용인해서는 안 됩니다. 폭력에는 단호하게 대처해야 합니다. 부모는 먼저 지금 처해 있는 은둔형 외톨이라는 현상을 인정해야 합니다. 그리고 처음에는 그 기분을 받아주어야 합니다. 이때 비위를 거슬리게 해서는 안 됩니다.

'엄마가 보기에 또는 아빠가 보기에 이 상태가 너의 장래를 위해서 유익한 것은 아니지만 우선 너의 기분을 듣고 싶다' 라고 솔직하게 말해야 합니다. 설사 은둔형 외톨이가 '나도 잘 모르겠다. 어떻게 해서 이렇게 되었는지' 라고 말해도 좋습니다. 반드시 처음에는 기분을 들어야 합니다.

그때 부모가 같은 심정으로 미래가 보이지 않는 은둔형 외톨이라는 문제와 맞서 나가야 한다는 것을 인식하는 것이 중요합니다. 부모의 기분이 안정되어 있지 않을 때는 중요한 것을 들어서는 안 됩니다. 먼저 부모의 기분이 일치해 있어야 합니다. 그러므로 은둔형 외톨이의 징조가 조금이라도 보인다면, 부모는 합심하여 하나의 기분으로 맞서는 용기를 가져야 합니다.

장기간의 치료를 견딜 수 있는가

은둔이 시작되는 시점부터 당사자는 물론 가족도 괴로움을 안게 됩니다. 치료도 그 기간이 얼마나 걸릴지 알 수 없습니다. 은둔형 외톨이에 따라서 각각 다르지만, 수개월에서 혹은 수년까지 걸립니다. 더욱이 당사자가 치료를 받기 시작하기까지 걸리는 시간도 꽤 깁니다. 설사 당사자의 치료가 시작된다고 해도 치료 과정에서 많은 우여곡절을 겪게 됩니다. 보통 은둔형 외톨이에서 완전히 벗어날 때까지는 보통 수년의 시간이 필요합니다. 이처럼 은둔형 외톨이의 치료에는 상당히 긴 시간이 걸립니다. 가족은 어떻게 긴 시간을 요하는 치료를 견뎌낼 수 있을까요. 여기서는 치료가 장기화된 T씨의 임상 사례를 들어봅니다.

　T씨는 33세의 남자입니다. 아버지는 도시 은행의 은행원으로 열심히 일을 하는 사람입니다. T씨가 초등학교 때는 가족이 함께 전근을 다녔습니다. 그러나 중학교에 들어가고 나서는 아버지 혼자 지방에서 근무했습니다. 어머니는 전업주부이고 교육열이 대단히 높았습니다. 특히나 세 형제 중 장남인 그에게 열성을 다했습니다. 그도 어머니의 기대에 부응하여 열심히 공부하는 아이로서 중·고교를 우수한 성적으로 통과하고, 도쿄의 명문 사립대학에 진학했습니다.

　대학 생활은 그에게 즐거웠습니다. 대학 졸업 후 그는 자동차 회사에 취직했습니다. 취직한 지 약 반년 후에 일을 잘못했다고 상사에게 질책받은 것을 계기로 회사에 가는 것을 힘들어했습니다. 결국 회사를 그만두었습니다. 그 이후 집에서 은둔을 시작하여, 약 11년간 은둔 생활을 하고 있습니다.

병원에는 부모만 3년 전부터 다니면서 면담을 정기적으로 받고 있습니다. 그가 은둔하기 시작했을 때 아버지는 "자식을 키운 방식이 나빴기 때문에 이렇게 된" 것이라고 말하면서 어머니를 질책했습니다. 그러고는 "네 마음대로 해라"고 하면서 무관심한 태도를 취했습니다. 어머니는 어떻게든 자식에게 도움이 되는 무엇인가를 찾기 위해 보건소에 가서 면담도 해보고, 의료 기관에 문의도 했습니다. 그러나 한결같이 '당사자를 데리고 오지 않으면 아무 소용이 없다'는 말만 들었습니다. 상황이 변한 것은 아무것도 없었습니다.

T씨의 은둔 생활은 계속되었습니다. 가족과도 전혀 말을 하지 않고, 식사도 혼자 했습니다. 그리고 주야가 역전된 생활을 했습니다. 은둔 생활이 시작된 지 5년 후 아버지는 은행의 조기 퇴직 제도를 이용하지 않을 수 없었습니다. 이제는 부모와 같이 지내게 되었습니다.

아버지는 처음에 설득과 비판을 반복했습니다. 그러나 가족과 아무런 대화를 하지 않는 것은 마찬가지였습니다. 드디어 은둔한 지 8년쯤 지나자 저의 병원을 부모가 먼저 방문했습니다. 현재까지 면담을 정기적으로 받고 있습니다.

그는 여전히 은둔하고 있는 그대로이지만, 부모가 면담받는 것을 염려하는 눈치였습니다. 그리고 최근엔 가끔씩 면담할 때 무슨 이야기를 하는지 물어오기도 했습니다. 어머니는 원래 좋아하던 원예를 하고, 아버지도 노인복지센터의 자원봉사자로 일하게 되었습니다. 이전보다 부모의 표정이 밝아졌습니다.

이런 임상 사례처럼 은둔 생활이 만성화되는 경우가 많습니다. 당사자도 물론 괴롭고 고통스럽고 슬픔을 안고 있지만, 함께 살아가야 하는 가족도 똑같은 심정입니다. 장기간에 걸친 은둔형 외톨이를 지지해주기 위해 가족이 필요한 것과 마찬가지로 은둔형 외톨이의 가족을 지지해주는 사람도 필요하다고 저는 생각합니다.

그 사람이 정신과 의사이든지 임상심리사이든지 면담원이든지 누구라도 좋습니다. 가족의 괴로움, 아픔, 슬픔을 받아주는 사람을 구해야 합니다. 그것이 은둔형 외톨이의 회복에도 연결됩니다. 또한 가족도 나름의 생활을 해나가야 합니다. 가족이 활발하게 생활하면 은둔형 외톨이의 괴로움, 아픔, 슬픔을 결과적으로는 줄이는 효과가 있습니다.

긴급 대응과 일시적인 피난

긴급 대응과 일시적인 피난을 가장 필요로 하는 상황은 앞에서 언급한 바와 같이 격렬한 가족 폭력이 있는 경우입니다. 실제로 폭력을 행사할 때는 의연한 태도로 대처해야 합니다. 그리고 상처를 입을 때는 경찰의 개입을 고려해야 합니다. 그후에도 폭력이 계속되면, 부모는 일시적으로 집을 떠나는 것을 생각해야 합니다. 그리고 일시적인 피난이 폭력을 야기하면, 단기간 집 이외의 다른 곳에서 지내는 것도 좋습니다. 하지만 집을 떠나서 너무 오랜 시간을 보내는 것은 좋지 않습니다. 또한 일시적인 피난을 하는 경우에도 가능하면 그날 당사자에게 연락을 해야 합니다. 그후에도 정기적으로 연락을 하는 것이 필요합니다.

어떤 경우에는 긴급 대응과 일시적인 피난이 하나의 계기가 되어서 은둔형 외톨이의 상태가 변화되는 경우도 있습니다. 폭력을 보이는 은둔형 외톨이는 이미 최악의 상황에 도달한 것입니다. 이런 상황에서 무엇인가 변화가 있다면 그것은 좋은 변화일 수밖에 없습니다.

긴급 대응이 필요한 또 하나의 상태는 흥분입니다. 폭력을 동반하지 않는 흥분은 거의 대부분 정신병에 기인합니다. 이 경우에 본인은 정신적으로 쫓기고 있다고 생각합니다. 이럴 때는 대개 정신병으로 인한 흥분입니다. 따라서 그때는 가능한 한 조기에 정신병인지 아닌지 감별 진단하는 것이 반드시 필요합니다. 정신과 의사의 진단이 필요하므로 가까운 병원에 데리고 가야 합니다. 이때는 입원도 고려해야 하므로 되도록이면 입원실이 있는 곳을 선택하십시오. 데리고 갈 수 없는 경우에는 먼저 관할 보건소와 면담하는 것이 좋습니다.

올바른 지식을 습득하라

가족이 은둔형 외톨이에 대한 올바른 지식을 습득하는 것은 매우 필요 불가결합니다. 특히 제1장에서 언급한 대로 감별 진단해야 하는 병에 대해서 아는 것도 중요합니다. 왜냐하면 다른 정신질환으로 인해 은둔이 나타나는 경우에는 그 병이 나으면 은둔 생활은 개선되기 때문입니다. 가족은 은둔한다는 상태에만 사로잡혀서는 안 됩니다. 은둔형 외톨이라는 말이 시민권을 얻은 현재, 너무 이 단어에 사로잡혀 있는 경우가 많습니다. 치료의 제일보는 정확히 상태를 파악하는 것입니다.

또한 은둔형 외톨이에 동반될 가능성이 있는 질병에 대해서도 가족들은 반드시 염두에 두어야 합니다. 여러 차례 말씀드렸지만, 은둔형 외톨이는 정신과적 병명이 아닙니다. 그러나 이에 대한 적절한 대응은 필요합니다. 정신과 의사에 따라서는 은둔형 외톨이를 인정하지 않는 의사도 있습니다. 때문에 제1장에서 언급한 은둔형 외톨이에게 가능성 있는 질병을 알아야 하고, 다른 가능성에 대해서도 적절하게 대처해야 합니다.

이런 정확한 지식을 획득하는 데 이 책이 도움이 되었으면 합니다.

가족의 고립감을 줄여라

은둔형 외톨이는 장기간에 걸쳐서 사회와 격리되어 있습니다. 이와 함께 가족도 점차로 사회에서 배제되어가는 느낌을 받게 됩니다. 가족은 은둔형 외톨이 자식 때문에 주위의 사람들이 자식에 관한 무슨 소문을 듣는 것은 아닌가 하고 눈치를 보게 됩니다. 따라서 주변 사람들과의 관계도 소원해집니다. 아버지는 회사에서 자식의 일이 자꾸 걱정되어 일에 대한 집중력이 떨어집니다. 그리고 어머니는 자식 때문에 다른 사람들과의 만남이 어려워짐에 따라 다른 사람들과도 점점 멀어집니다.

반면에 어떤 아버지들은 거꾸로 일에 열중하기도 합니다. 괴로움에서 벗어나기 위해 눈을 다른 곳으로 돌리려고 합니다. 그러면 그럴수록 어머니는 자식에게 자신의 인생을 걸려고 합니다. 그리하여 은둔형 외톨이와의 상호의존관계를 형성합니다. 이 관계는 모자일체화의 폐해에서 설명한 바와 같이 생산적인 것이 못 됩니다. 즉 가족의 고립화는 은둔형 외톨이의 만성화를 촉진시키는 하나의 요인입니다. 그러면 가족의 고립화를 방지하기 위해서는 어떻게 하면 좋을까요? 우선 부모는 은둔형 외톨이 자식의 문제를 면담할 수 있는 전문 기관이나 협력 단체를 갖고 있어야 합니다. 또한 부모가 서로 협력 태세를 취해야 합니다.

면담이 가능한 곳으로 은둔형 외톨이 부모 모임, 정신과 의사의 진료실, 정신보건복지센터 및 보건소의 면담원 등을 들 수 있습니다. 이것에 대해서는 제6장에서 상세히 설명하기로 하겠습니다. 가족이 고립되는 것은 좋은 결과를 가져오지 않습니다. 고립감을 줄이기 위해 은둔형 외톨이를 치료하는 좋은 면담자를 발견하는 것도 중요합니다.

원인을 찾지 마라

가족은 은둔형 외톨이가 만성화됨에 따라 더욱더 초조해집니다. 그래서 자식이 왜 이렇게 돼버렸는지 그 원인을 찾기 시작합니다. 그러나 당사자 자신도 그 원인을 전혀 모르는데 가족이 여기저기서 그 원인을 모색해봐도 찾을 도리가 없습니다.

분명히 은둔형 외톨이가 '이렇게 된 것은 네 탓이다, 잘못 키웠다'라고 하면서 부모를 원망하는 경우도 볼 수 있습니다. 그렇지만 그 원인을 어떤 특정한 하나에 돌리는 것은 불가능하고, 또한 그것을 증명할 수도 없습니다. 더욱이 원인 찾기에 에너지를 소비해버리고, 부모가 서로 협력 체제를 구축하지 않으면 은둔형 외톨이는 만성화되어갑니다.

때문에 원인 찾기는 정말로 의미가 없는 일입니다. 부모가 은둔형 외톨이 자식과 관련된 일들을 아무리 후회해도 아무것도 얻을 수 없고 생산적이지도 못합니다. 단지 부모가 은둔형 외톨이의 의미를 염두에 두면서 이때까지 자신들이 살아온 방식을 변화시키는 것이 중요합니다. 그렇게 하면 은둔형 외톨이는 물론 부모 자신들에게도 좋은 결과를 가져옵니다.

양육 방식도 가정 환경 탓도 아니다

앞에서 말한 원인 찾기와 마찬가지이지만, 은둔형 외톨이의 원인은 부모의 양육 방식의 실패도 가정 환경의 탓도 아닙니다. 물론 일밖에 모르는 아버지, 교육열 높은 어머니라는 가정 구조가 은둔형 외톨이에게 많은 것은 사실입니다. 그러나 이런 가정은 현대 일본에서 흔히 볼 수 있는 가족 형태입니다. 은둔형 외톨이가 이런 형태의 모든 가족에게 있는 것은 아닙니다. 만약 그렇다면 일본에서는 온통 은둔형 외톨이로 넘쳐나야 할 것입니다. 그렇지만 은둔형 외톨이는 전국에 걸쳐 30만에서 50만 정도에 불과합니다. 그러나 무시할 수 있는 숫자는 아닙니다. 그래서 현재 사회문제화되어 있는 것입니다.

양육 방식의 실패에 기인하는 것도 아닙니다. 은둔형 외톨이가 장남에게 많고, 유소년기에 대부분 온순하고 나무랄 데 없는 아이였던 경우가 많은 것은 사실입니다. 부모가 애정을 쏟지 않은 것도 아닙니다. 부모에 의한 학대도 거의 없습니다. 모두가 애정을 갖고 키웠습니다. 때문에 은둔형 외톨이의 원인이 양육 방식의 실패에 있다고 말할 수는 없습니다.

어떻게든 은둔형 외톨이의 원인을 찾으려고 애쓰고 있지만 아직 그 원인은 규명되지 못하고 있습니다. 원인을 찾겠다는 생각에 사로잡히면 생산적인 것은 아무것도 없습니다. 이것을 반드시 염두에 두어야 합니다.

은둔형 외톨이를 인정하라

지금까지 언급한 바와 같이 은둔형 외톨이에 대한 원인 찾기를 해도 얻는 것은 없습니다. 먼저 은둔형 외톨이가 있다는 것을 인정하고 나서 은둔형 외톨이의 '엉망인 생활'을 수용해줘야 합니다. 가족의 합의가 없는 곳에서는 전향적인 협력 자세를 구축할 수 없습니다. 은둔형 외톨이 자신들이 가장 괴로워하고 있습니다. 그들 자신들도 이 상황에서 벗어나고 싶어합니다. 그렇지만 지금은 그 상태에서 헤어나올 좋은 방법을 전혀 찾지 못하고 있는 것입니다. 그래서 관점을 바꾸어 은둔형 외톨이를 살펴보게 되면, 은둔형 외톨이는 어쩔 수 없이 그 상태에 빠져 있다는 것을 알 수 있습니다.

따라서 은둔형 외톨이라는 현실을 부정하면 상처를 받습니다. 먼저 이렇게 된 것을 인정하기 바랍니다. 그것을 해줄 수 있는 사람은 바로 부모입니다. 우선 현재의 상태를 인정해주십시오. 그리고 '엉망인 생활'을 인정하고, 당분간은 '현상 유지라도 좋다'라고 말해야 합니다. 그렇게 말한다고 해서 당장 무슨 새로운 계기와 돌파구가 바로 나오는 것은 아니지만, 인정하는 데서 출발하면 점차로 좋은 결과가 생기게 됩니다.

제 6 장

의료 기관은 어떻게
이용해야 하는가

은둔형 외톨이가 스스로 의료 기관을 방문하는 일은 없습니다. 그들은 보통 자신만의 껍질 속에 갇혀 있기 때문에 다른 사람을 믿지 않습니다. 정신과와 같은 수상한 곳에 가는 것을 기대할 수 없는 경우가 대부분입니다. 부모가 너무 강력하게 권하게 되면, 자신만의 껍질 속으로 더욱 움츠려 들고, 심한 경우에는 폭력으로 발전되는 경우도 있습니다. 그러므로 향후 은둔형 외톨이가 진료받기를 바라면, 우선은 부모가 의료 기관을 방문하여 상담하는 것이 좋습니다.

정신과에 다닐 필요가 있는가

결론부터 말하면 저는 반드시 정신과에 다닐 필요는 없다고 생각합니다. 은둔형 외톨이 초기에 이런 상황을 객관적으로 판단하여 은둔형 외톨이의 존재를 인정하고 나서 부모가 적절하게 대처할 수 있고, 가족을 도와줄 수 있는 제3자가 있다면 굳이 정신과에 다니지 않아도 됩니다.

그러나 대다수의 부모들은 은둔형 외톨이에 당황하거나 초조해합니다. 여기저기서 그 원인을 찾거나 그렇지 않으면 오히려 눈을 돌려버립니다. 어떤 부모들은 자신의 삶을 다바쳐 은둔형 외톨이에 몰입하는 바람에 상호의존관계에 빠지는 결과를 초래합니다. 그 결과 은둔형 외톨이에게 무엇을 해줘야 진정으로 좋은지를 전혀 모르게 됩니다. 아무리 자기 자식이라 해도 은둔형 외톨이가 돼버린 상태에서는 그 당사자가 무엇을 생각하는지 알 수 없는 곤혹스러운 입장이 돼버린 것입니다.

이런 상황일 때는 주저하지 말고 면담 기관을 방문할 것을 권합니다. 면담 기관이 은둔형 외톨이에 대한 많은 경험을 갖고 있다면 더욱더 좋겠지만, 설사 그렇지 않다고 해도 면담할 가치는 충분히 있습니다.

그때까지 누구에게도 말할 수 없었던 부모 자신들의 고민과 불안을 털어놓는 것만으로도 상당히 기분이 가벼워집니다. 기분이 가벼워지면, 마음도 여유가 생깁니다. 그리고 은둔형 외톨이에 휘둘리지 않고 비교적 객관적으로 판단할 수 있게 됩니다. 하지만 어떤 부모는 면담 기관을 찾아가는 것을 망설이는 경향이 있습니다. 은둔형 외톨이가 정신병도 아닌데 구태여 정신과를 면담 기관으로 선택할 필요가 있는지 궁금해합니다. 게다가 정신과에서 그런 상황에 대한 면담이 가능한지 혹은 소중한 자식을 정신병자로 만드는 것은 아닌지 심란스럽게 생각합니다. 또한 아무리 전문가에게라고 해도 가족의 수치를 이야기하는 것을 썩 내켜하지 않기도 합니다.

그러나 이렇게 헤매고 있는 사이에 시간은 점점 흘러가버립니다. 면담을 한다고 해서 모든 것이 금방 해결되는 것은 아니지만 말입니다. 그러나 은둔형 외톨이라는 현실을 방치하고, 시간이 흘러가면 갈수록 은둔형 외톨이가 만성화되는 것은 확실합니다. 어떻게 해서든 가능한 한 빨리 면담 기관을 방문하는 것이 좋습니다.

면담 기관은 부모의 입장에서 압박감이 덜한 작은 정신과 클리닉이나 정신보건복지센터를 권하고 싶습니다. 최근 정신과 클리닉이 증가하고 있고, 비교적 젊은층의 의사들이 상당수 개업을 하고 있습니다. 이런 곳에 문의를 적절하게 하면 여러 가지

도움과 면담을 받을 수 있습니다.

또한 지방자치단체의 정신보건복지센터는 은둔형 외톨이에 대한 노하우를 갖고 있습니다. 센터는 전화로도 면담이 가능한 곳이 꽤 있으므로, 먼저 전화로 면담해도 좋습니다.

면담은 도움이 되는가

여기에서는 먼저 저의 병원에서 면담을 지속적으로 해오고 있는 임상 사례를 살펴보겠습니다.

U양은 현재 22세의 여자입니다. 가족으로는 종합상사에서 근무하는 아버지와 전업주부인 어머니, 그리고 오빠가 있습니다. 오빠도 현재 은둔형 외톨이로서 면담을 받고 있습니다.

U양은 고등학교 때까지는 특별한 문제가 없었습니다. 온순한 성격이었고, 대학도 순조롭게 진학했습니다. 그러나 대학에 들어가서는 친구를 전혀 사귀지 못했습니다. 게다가 대학에서 무엇을 해야 좋을지 몰라 방황을 했고, 나중에는 학교를 아예 가지 않았습니다. 그후 서서히 은둔하기 시작하여 학교에 가지 않은 지 3개월 후부터는 집 밖으로 전혀 나가지 않았습니다. 더욱이 점점더 가족과 말도 안하고, 식사도 방에서만 했습니다. 이런

상태가 계속되자 가족들은 참견을 하기도 하고, 때로는 강제로 밖에 데리고 나가기도 했으나, 결국은 은둔형 외톨이가 되어갔습니다.

오빠도 U양이 은둔형 외톨이가 시작되기 1년 전부터 은둔을 했고, 그녀와 거의 같은 상태였습니다. 부모가 여러 가지로 걱정이 되어 면담을 왔습니다. 그후부터 어머니만 일주일에 한 번씩 저와 면담을 했고, 아버지는 두 달에 한 번 정도 면담을 했습니다. 어머니는 면담이 진행되어 나가면서, 그동안의 절망스러운 기분에서 점차로 평정을 되찾았습니다. 무엇보다 현재의 현실을 받아들이게 되었습니다. 아버지도 어머니와 마찬가지로 은둔에 대응할 수 있게 되었습니다.

어머니가 면담을 시작한 후 4개월이 되었을 때, 오빠가 가정의 분위기를 민감하게 느꼈던 탓인지 먼저 면담을 받겠다고 했습니다. 오빠는 일주일에 한 번 면담을 받았고, 그후론 조금씩 외출도 하게 되었습니다. 오빠가 상담을 받기 시작한 지 3개월 후, 그녀도 오빠와 함께 면담을 받고 싶다고 말했습니다. 그녀 역시 별도로 면담을 하기 시작했습니다.

보통 면담은 주 1회 정도 하는데, 처음에는 이 정도로 자주 오는 것이 쉽지 않은 관계로, 대체로 2주에 한 번 하는 페이스로 합니다. U양의 가족인 경우 격주로 진행되는 면담이었지만, 그 면담은 집안 분위기를 확실하게 변화시켜주었습니다. 그녀 또한 늘 그런 것은 아니지만 때때로 가족과 함께 식사를 했습니다. 어머니와 함께라면 근처 쇼핑도 갈 수 있게 되었습니다. 현재 그녀는 거의 매주 정기적으로 면담을 받으러 옵니다. 외출 횟수가 상당히 빈번해졌지만, 아직도 사람들이 많은 곳에 가면 기분이 나빠지는 증상이 남아 있습니다. 그녀의 오빠도 면담 효과가 있었던 사례라고 생각됩니다.

먼저 부모가 면담을 받고, 그후 부모의 기분이 좋아지면 여유를 갖게 됩니다. 이렇게 여유를 갖고 나서 은둔형 외톨이를 대하는 것이 좋습니다. 그러자 오빠가 면담을 받으러 오게 되었고, 결국 그녀도 면담을 받을 수 있게 되었던 것입니다.

면담을 할 때 서로의 관계 형성이 중요합니다. 처음에 안정된 관계를 유지하는 것이 예후를 결정하는 데 중요한 영향을 미칩니다. 그리하여 안정된 관계가 구축되면 은둔형 외톨이는 자신의 마음속 이야기를 풀어놓게 되어 좋은 예후를 기대하게 합니다.

은둔형 외톨이는 면담을 하면서 자신의 존재 방식과 문제점을 파악해야만 합니다. 면담은 어디까지나 거울처럼 상대방의 이야기를 들으면서 전개해 나가는 것이고, 반드시 충고만을 하는 것은 아닙니다.

그러므로 효과가 나타나는 데는 상당한 시간이 걸립니다. 그렇지만 일단 효과가 나타나면 다시 되돌아가는 경우는 적습니다.

이상과 같이 은둔형 외톨이와 원활한 관계를 구축하여 정기적인 면담이 지속적으로 이루어지면 좋은 효과를 발휘합니다. 면담을 잘 활용하기를 권해드리고 싶습니다.

집단 치료는 효과가 있는가

저의 병원에는 아직 은둔형 외톨이만을 위한 그룹은 없습니다. 향후 환자 수가 증가하면 집단 치료를 할 예정입니다. 단지 언급해두고 싶은 것은 은둔형 외톨이의 경우 집단을 형성해야 할 때 필요한 다소의 강제력에도 익숙하지 않다는 점입니다.

집단 치료를 위해 그룹을 구성하게 되면 시간적·공간적 제약이 존재합니다. 이런 경우 처음에는 참가할지 모르지만 점점 탈락률이 높아질 가능성도 있습니다. 이렇게 되면 다시 열등감을 조장하게 되어, 그 결과 상태가 악화될 가능성도 있습니다.

병원과 정신보건복지센터에서 주최하는 그룹 이외에도 NPO에서 주최가 되어 그룹 치료를 하는 경우도 있습니다.

V씨도 이런 경우에 해당합니다. V씨는 현재 35세의 남자입

니다. 전문학교를 다니던 21세부터 집에서 은둔하기 시작하여 약 13년간 완전히 은둔 상태에 있었습니다. 대략 1년 전부터 정기적으로 면담을 하고 있습니다. 그가 오랜 기간 동안의 은둔에서 벗어날 수 있었던 것은 바로 이 그룹 덕분이었습니다.

우선 그의 부모가 NPO 법인의 은둔형 외톨이 강연회를 통해 모임의 스탭과 면담하고 나서 V씨에게 그룹에 참가할 것을 권했습니다. 그도 부모가 다니는 것을 보고, 스스로 참가하겠다고 결정했습니다. 실제로 참가해서 보니 오랜만에 가족 이외의 사람들과 이야기를 나누는 것이 그렇게 나쁘지 않았습니다. 행사로 유원지에도 놀러 가고, 생활의 리듬도 잡을 수 있었습니다. 현재도 그룹에 참가하고 있습니다. 그룹에 참가한 후에는 다소 정신적으로 피로감을 느끼긴 하지만, 그룹 생활을 즐기고 있습니다. 또한 그 법인의 소개로 저의 병원에서 개인적인 면담도 받고 있습니다. 이와 같이 의료 기관 말고도 은둔에서 탈출하는 데 도움을 주는 단체가 있습니다. 특히 은둔형 외톨이에게는 처음 접촉하는 곳이 아주 중요합니다.

저의 병원에서는 부모 모임을 주 1회 갖고 있습니다. 부모 모임은 은둔형 외톨이의 모임처럼 다른 기관에서도 많이 하고 있습니다.

부모 모임에서 가장 중요한 것은 은둔형 외톨이라는 문제로 고민하는 사람이 나뿐만 아니라 많은 사람이 있다는 것을 알게 된다는 점입니다. 가장 고통스러운 것은 당사자이겠지만 가족도 역시 심한 고통을 받고 있습니다. 부모 모임을 통해 부모들의 기분이 한결 가벼워지고 밝아지면, 가족의 분위기에도 변화가 일어납니다. 부모들도 그때까지의 폐쇄적인 사고 패턴에서 벗어나게 되어 비관적인 생각이 줄어듭니다.

부모 모임에 출석하여 부모 자신들도 모임에 받아들여지는 느낌을 받으면, 그 효과는 매우 큽니다. 객관적으로 은둔형 외톨이라는 사태를 바라보게 됨으로써 가족의 분위기가 크게 바뀝니다. 은둔형 외톨이는 이런 변화에 민감합니다. 가족의 여유는 반드시 좋은 영향을 미칩니다. 더군다나 부모 자신들도 자식에게만 사로잡혀 있지 않고 자신들의 삶을 풍요롭게 하는 데 도움을 받게 됩니다. 이런 이유들 때문에도 저는 부모 모임을 잘 활용하기를 권합니다. 은둔형 외톨이 본인은 집 밖으로 나오지 않아도 부

부모라도 좋은 의료 기관을 선택하라

은둔형 외톨이가 스스로 의료 기관을 방문하는 일은 없습니다. 그들은 보통 자신만의 껍질 속에 갇혀 있기 때문에 다른 사람을 믿지 않습니다. 정신과와 같은 수상한 곳에 가는 것을 기대할 수 없는 경우가 대부분입니다. 부모가 너무 강력하게 권하게 되면, 자신만의 껍질 속으로 더욱 움츠려 들고, 심한 경우에는 폭력으로 발전되는 경우도 있습니다. 그러므로 향후 은둔형 외톨이가 진료받기를 바라면, 우선은 부모가 의료 기관을 방문하여 상담하는 것이 좋습니다. 지금까지 여러 번 강조했지만, 부모 먼저 병원에 다니면서 변화를 보이면 반드시 은둔형 외톨이에게 좋은 영향을 미치게 됩니다.

아직도 은둔형 외톨이에 대한 이해가 부족하여 부모만 상담을 하지 않는 의료 기관도 있습니다. '당사자를 데리고 오지 않으면 안 된다', '부모만 병원에 다녀서는 의미가 없다' 라고 말하는 경우도 있습니다. 물론 그런 측면이 없지 않습니다. 그러나 부모의 상담만으로도 은둔형 외톨이의 치료에 좋은 효과를 기대할 수 있다는 것을 다시 한 번 강조해둡니다. 먼저 의료 기관에 전화를 해서 부모만이라도 상담이 가능한지 물어보시기 바랍니다.

만약 이런 정신과가 집 근처에 없는 경우라면 관할 정신보건 복지센터에 상담하는 것이 바람직합니다.

은둔형 외톨이를 존중하는 의사를 찾아라

가족이 상담을 계속 받아오다가 드디어 은둔형 외톨이 본인이 진료를 받게 되었을 때, '왜, 은둔하고 있는가'라고 먼저 이유를 묻는 의사는 은둔형 외톨이를 전혀 이해하고 있지 못한 의사입니다. 은둔형 외톨이는 정말 큰 용기를 내어 진료를 받으러 온 것입니다. 의사는 무엇보다 '병원에 온 것 자체'를 위로해야 합니다. 그리고 상담을 하는 동안에도 당사자의 주관적인 체험을 존중해야 합니다.

은둔형 외톨이의 사고 패턴은 오랫동안 은둔하고 있었기 때문에 상당히 왜곡되어 있을 가능성이 높습니다. 예를 들면 다른 사람들은 자신에 대해 항상 공격적이고 비판적일 것이라고 생각합니다. 또는 세상은 자신을 냉대하고, 자신의 재능을 알아주지 못한다고 고민합니다. 또 부모의 양육 방식과 가정 환경이 나빴기 때문에 이렇게 되었다고 주장합니다. 그렇게 생각하고 주장하는 것은 한편으로는 사실일지도 모릅니다.

어쨌든 은둔형 외톨이에게는 이런 것들이 현실이기 때문에 의사가 부정하거나 이의를 제기하면 의사를 믿지 않습니다. 겨우 용기를 내어 병원에 왔는데 잘못하면 그 기회를 살리지 못할 수도 있게 됩니다.

처음 상담을 시작할 때는 위로해준 다음 주관적인 경험을 존중해주면서 차츰 현실적인 방향으로 인도해가는 의사를 찾아야 합니다. 경험 있는 의사라야 이런 상담이 가능합니다. 너무 바쁜 의사는 바람직하지 않습니다. 충분히 시간을 갖고 상담할 수 있어야 합니다.

왕진을 이용해야만 하는가

은둔형 외톨이가 만성화되어 완전히 은둔해버린 상태에서는 왕진도 도움이 됩니다. 이럴 때는 타이밍이 매우 중요합니다. 또한 가족과 의사가 밀접한 유대 관계를 유지해야 합니다. 우선은 가족이 의사에게 현재의 상태를 충분히 설명해주어야 합니다. 은둔형 외톨이는 아주 민감하기 때문에, 타이밍이 맞지 않으면 왕진은 효과가 없을 뿐만 아니라, 오히려 은둔을 더욱더 조장해버리는 결과가 됩니다.

현재 왕진을 하는 의사는 거의 없습니다. 저의 병원에서도 왕진은 은둔형 외톨이와 가족들의 상황들을 감안하여 왕진의 필요성이 매우 높은 경우에만 하고 있습니다. 처음 왕진을 가서 상담이 잘 이루어지면 계속 왕진 상담을 합니다. 왕진의 임상 사례로서 W군의 경우를 보기로 합시다.

W군은 현재 25세의 남자입니다. 중학교 때 어머니는 병으로 돌아가셨습니다. 그후 아버지와 여동생과 더불어 세 식구가 같이 살고 있습니다. 고등학교를 졸업한 후 자위대에 입대했는데 2년 만에 제대하고 고향으로 돌아왔습니다. 그후 간단한 일을 몇 가지 했지만 오래하지 못했습니다.

22살 때부터 현재까지 은둔 생활을 하고 있습니다. 거의 하루 종일 자신의 방에서만 지냅니다. 식사할 때와 담배를 피울 때만 거실에 나옵니다. 아버지와는 전혀 대화를 나누지 않습니다. 여동생과는 간단한 용건 정도만 말을 건넵니다. 주야 역전의 생활을 하고 있으며, 외출은 전혀 하지 않습니다. 자신의 방에서 잠을 자거나, 만화를 읽거나 음악을 들을 뿐입니다. 폭력은 아직 보이지 않습니다.

24살 때 그는 큰 소리를 지르거나 고민에 가득 찬 표정을 짓기도 했습니다. 아버지가 너무 걱정이 되어서 병원을 방문했습니다. 3개월 동안 아버지와 여동생이 상담을 받았습니다. 드디어 본인도 상담을 하러 왔습니다. 그러나 한 번 면담을 하고 나선 다시 병원에 오지 않았습니다.

한동안 조용히 지내는가 싶더니 또 고민에 가득 찬 표정으로 소리를 지르기 시작했습니다. 가족과 상담한 후 왕진을 하기로 결정했습니다. 현재까지 약 반년 동안 왕진 상담을 하고 있고, 상담 시간은 약 30분 정도입니다.

처음 왕진을 갔을 때는 너무 긴장해서 아무 말도 하지 않았습니다. 너무 긴장한 나머지 자신의 몸을 꼬집기도 했습니다. 그러나 점차 왕진이 진행되어가면서 긴장이 줄어들었고, 자신의 상황을 말하게 되었습니다. 그리고 이전의 취미였던 자전거를 타기도 하고, 여동생과 쇼핑을 하러 가기도 하는 등 회복의 기운을 보이고 있습니다. 아직 사람이 많은 곳에는 가지 못합니다. 때로는 어떻게 할 수 없을 정도로 무척 괴로워하기도 합니다.

W군은 왕진이 효과적이었던 사례입니다. 왕진을 갔던 이유도 그가 먼저 병원을 방문했기 때문입니다. 그는 은둔에서 서서히 벗어나고 있습니다. 면담이 효과를 발휘하는 것은 은둔형 외톨이가 그것을 통해서 다른 사람과 만나는 장을 공유하기 때문입니다. 그는 면담을 통해서 저와 대화의 장을 공유한 것입니다.

이것이 은둔에서 벗어나는 계기가 되었습니다.

현재 의료 기관이 왕진을 하는 경우는 거의 없습니다. 저의 경우도 아주 드뭅니다. 그러나 왕진도 하나의 방법이므로 잘 상의해서 고려할 필요가 있습니다.

약물을 복용해야만 하는가

은둔형 외톨이에서 벗어나는 데 약물이 절대적으로 필요한 것은 아닙니다. 단지 은둔이 만성화되면 필연적으로 불안과 절망감이 따라오게 됩니다. 이때는 본인이 동의하는 경우에 약물을 처방하는 것도 좋습니다.

구체적으로 말하면 불안과 초조감에는 항불안제를 투여합니다. 그리고 우울 증상, 절망감, 강박 증상에는 SSRI 신세대의 항우울제를 투여합니다. 또한 불면과 주야 역전에는 수면 유도제를 투여하는 경우도 있습니다. 은둔형 외톨이는 모든 것에 민감하기 때문에 약물에도 민감합니다. 반드시 약물의 내용을 설명하고, 의사와 본인과의 합의하에 투여하는 것이 좋습니다.

약물로 은둔형 외톨이를 완전히 치료하는 경우는 없습니다. 약물보다는 역시 본인 자신의 존재 방식, 부모와의 관계, 의사

등 제3자와의 관계가 더 중요합니다. 그러나 본인의 괴로움을
줄이기 위한 하나의 도구로서 약물 복용도 고려해야 합니다.

가능성의 모색

은둔형 외톨이의 행복감은 작은 한 발짝에서 생깁니다. 은둔형 외톨이에게 가능성이 없다고 할 수 없습니다. 처음 내딛는 한 발짝의 행복감은 무엇과도 바꿀 수 없는 것입니다. 현대 일본에서는 주위를 둘러보면 나이에 상관없이 매우 다양한 것을 선택할 수 있다는 것을 알 수 있습니다. 우선 무엇이라도 시작하면 좋습니다.

explaining what had happen

0 - October 24, 2009

은둔형 외톨이는 하나의 상태

지금까지 계속해서 살펴보았듯이 은둔형 외톨이라는 현상은 하나의 상태를 말해주고 있습니다. 즉 그것 자체는 정신질환을 나타내는 용어가 아닙니다. 제1장에서 설명한 바와 같이 여러 가지 병명을 붙일 수 있습니다.

또한 다시 한 번 강조해두고 싶은 것은 은둔형 외톨이의 수가 상당히 많다는 사실입니다. 확실하게 정확한 숫자를 밝히는 것은 곤란하지만 30만에서 50만 명 정도로 추정됩니다.

이 정도로 많은 젊은이들이 자신들이 어떻게 해서 이 지경이 되었는지를 알지 못하면서 괴로워하고 있습니다. 이것은 현대 일본에서 미증유의 사태라고 하지 않을 수 없습니다. 그럼에도 불구하고 세간에서는 은둔형 외톨이에 대한 선입관이 아주 강합니다. '이 병은 사치병이다, 게을러서 그렇다'라고 말하는 경우도 많습니다.

그러나 부모가 능력이 있기 때문에 은둔형 외톨이가 된다고 말하는 것에는 찬성할 수 없습니다. 은둔형 외톨이는 결코 원해서 된 것이 아닙니다. 주체적으로 자신이 원해서 은둔하고 있는 것이 아닙니다. 은둔형 외톨이는 이 상태에서 벗어나기를 원합니다. 그렇지만 은둔형 외톨이를 보는 세상의 눈은 차갑습니다.

그리고 그 원인도 알려진 바가 전혀 없습니다. 제3장에서 언급한 바와 같이 은둔형 외톨이를 야기하는 사회적인 배경이 있다고 생각합니다. 때문에 은둔형 외톨이를 생각할 때는 반드시 사회적 배경을 고려하지 않으면 안 됩니다.

이 책은 은둔형 외톨이에 관해 현재까지 알려진 지식과 앞에서 말한 사회적 배경, 그리고 저의 치료 경험을 기반으로 하여 나름대로 정리한 것입니다. 은둔형 외톨이 본인은 물론이고 가족도 이 책에서 무엇인가를 얻기를 바랍니다. 특히 가족은 제5장을 잘 읽어주시기를 바랍니다.

은둔형 외톨이는 확실히 하나의 상태에 불과하지만, 은둔형 외톨이에서 벗어나기 위해 무엇인가를 하지 않으면 당사자도 가족도 모두 불행하게 된다는 점을 명심해야 합니다.

은둔형 외톨이는 '참고 기다림'의 시기

저 자신도 학교가 싫어서 중학교 시절에는 양호실에 자주 갔습니다. 고교 시절에는 등교 거부를 했던 적도 있습니다. 그러나 지금 돌이켜보면 왜 그렇게 학교를 싫어했는지 모르겠습니다. 아마도 학교 제도에 내포되어 있는 여러 속박감이 싫었던 것 같습니다. 그러나 그것도 그 당시에는 확신할 수 없었습니다. 저 자신도 그때 곤혹스러워했던 것입니다. 그래서 점점더 의욕이 저하되고, 성적도 떨어지고, 아무것도 할 수 없는 나날이 계속되었습니다.

저는 어쨌든 그런 상태에서 벗어나서, 현재는 의사로서 활동하고 있습니다. 정신과 의사로서 그 경험은 소중하지만, 가능하면 학창 시절에는 별 탈 없이 잘 다니는 것이 좋다고 생각합니다. 그러나 일단 그렇게 되어버린 다음에는 이 귀중한 체험을 살리는 쪽으로 모색하는 것이 좋습니다. 저와 같은 등교 거부 학생과 은둔형 외톨이는 서로 다른 점이 많습니다. 그렇지만 '집에서 나오지도 않고 아무것도 하지 않는다'는 점에서는 동일합니다.

그러나 일반적으로 보통 사람은 이런 경험을 갖지 않습니다. 사회로부터 수년간 격리되어 있으면 많은 단점이 생길 것입니다. 인생이 그리 긴 것도 아닌데 은둔형 외톨이로 지내는 기간을 생각해보면 참으로 안타깝습니다. 그리고 확실히 은둔의 시간을 너무 길게 가져가는 사람도 많습니다. 그러나 지나간 것을 고민해봐야 아무 소용이 없습니다.

저는 은둔형 외톨이라는 귀중한 경험을 조금이라도 살려서 가능한 한 빨리 사회로 돌아가기를 염원합니다. 저의 등교 거부의 시절은 저에게 '참고 기다림의 시기' 또는 '충전의 시간'이었다고 생각합니다. 그와 마찬가지로, 은둔형 외톨이도 은둔의 시간을 '참고 기다림의 시기'로 생각해서 그것을 후회하기보다 그것을 살려가면서 한 걸음씩 전진하라고 말하고 싶습니다. 반드시 보통 사람들이 생각할 수 없는 것을 할 수 있기 때문입니다.

풍요로운 은둔형 외톨이를 위해서

은둔형 외톨이로부터 탈출하기 위해서 당장 해야만 하는 것들에 대해서는 제4장에서 이미 상세하게 언급했습니다. 그렇다면 은둔에서 탈출한 후에 보다 나은 생활을 하기 위해 은둔하고 있을 때 무엇을 하면 좋을까요?

　은둔형 외톨이는 은둔하고 있는 기간 동안 자신이 어떤 상태에 놓여 있는지 몰라서 곤혹스러워합니다. 때문에 기본적으로 자신이 무엇을 하고 있는지를 모릅니다. 그러나 대개는 엄청나게 초조감을 느끼고 있습니다. 이런 상태일 때는 '아무것도 하지 않는 것도 자신의 생활방식'으로 썩 괜찮은 것이라고 생각할 필요가 있습니다. 그리고 아무것도 하지 않는 것이 지금의 자신에게 필요한 것이고, 장래의 포석이라고 생각해도 좋습니다. 그러고 나서 만약 약간이라도 여유가 있다면, 지금의 자기 자신이 어떤 모습을 하고 있는지를 조금씩 생각해 나가야 합니다. 계속 깊이 생각하다 보면 거기에서 문이 열립니다. 괴로운 지금의 상태를 자신의 미래를 모색하는 시간으로 여기게 되면, 은둔형 외톨이를 풍요로운 은둔형 외톨이로 바꾸어갈 수 있습니다.

새로운 시점을 만들어낼 가능성

은둔형 외톨이는 하나의 상태에 불과하지만, 그 수는 30만에서 50만에 이른다고 알려져 있습니다. 그리고 은둔형 외톨이라는 개념이 나온 것은 1995년부터입니다. 그러니 아직 10년이 되지 않았습니다. 따라서 10년 또는 20년 후 은둔형 외톨이가 어떤 임상 경과를 밟을지는 아무도 모릅니다. 그러므로 이때까지 존재하지 않았던 은둔형 외톨이가 앞으로 어떻게 변화해가면서 전개되어갈 지에 대해서는 주목할 만한 가치가 있다고 생각합니다.

제3장에서 언급한 바와 같이 은둔형 외톨이는 일종의 사회 현상일지 모릅니다. 즉 현대라는 시점에서 발생할 수밖에 없는 현상일지도 모르겠습니다. 설사 그렇다고 해도 은둔형 외톨이에 대해서 생각하는 것은 정신의학과 심리학의 새로운 영역으

로 들어가는 것입니다.

은둔형 외톨이라는 새로운 관점이 생겼고, 그것에 동반되는 새로운 발견도 있습니다. 저는 은둔형 외톨이가 증가하는 원인을 현대의 젊은이들이 먹고 살아야 한다는 '생존 경쟁의 본능이 취약해진' 성숙된 일본 사회에서 삶을 시작한 결과에서 찾고 있습니다. 그러나 일본 사회가 급속하게 감퇴하고 있는 현재에는 '생존 경쟁에 대한 본능적 취약함'이 역으로 '생존 경쟁에 대한 본능적 욕구'로 전환될 가능성도 있다고 생각합니다. 그 답은 멀지 않은 장래에 확실해질 것입니다. 즉 은둔형 외톨이에 관한 생각이 새로운 관점을 던져줄 수 있습니다.

선택할 수 있는 기회는 아직도 있다

은둔형 외톨이가 만성화되어 오랜 기간 동안 은둔해온 사람들은 자신들의 장래에 대해 비관적입니다. 그러나 나이가 몇 살이 되었든 간에 절대로 단념해서는 안 됩니다.

저는 자신의 행복은 절대적 주관에 기초하고 있다고 생각합니다. 즉 자신이 최종적으로 행복하면 그것으로 좋은 것입니다. 은둔형 외톨이가 은둔으로 괴로워하면 괴로워하는 만큼, 은둔에서 벗어날 때의 즐거움도 큽니다.

어쨌든 지금의 자신에서 탈피해야 합니다. 이치로 같은 유명한 야구 선수가 될 필요는 없습니다.

은둔형 외톨이의 행복감은 작은 한 발짝에서 생깁니다. 은둔형 외톨이에게 가능성이 없다고 할 수 없습니다. 처음 내딛는 한 발짝의 행복감은 무엇과도 바꿀 수 없는 것입니다. 현대 일본에서는 주위를 둘러보면 나이에 상관없이 매우 다양한 것을 선택할 수 있다는 것을 알 수 있습니다. 제4장에서 언급한 바와 같이 우선 무엇이라도 시작하면 좋습니다.

다시 태어날 때

저의 병원에 있는 은둔형 외톨이들은 은둔하기 이전에는 대부분 자신들의 일을 했던 사람들입니다. 개중에는 은둔형 외톨이에서 벗어나서 활력 있게 지내고 있는 사람들도 많습니다. 그것은 그들이 큰 괴로움을 경험했던 만큼 기쁨도 크고 좌절에도 강하게 되었다는 것을 말해줍니다. 그들은 은둔형 외톨이의 경험을 자신들의 정신적 양식으로 삼으며 지내고 있습니다. 저는 모든 은둔형 외톨이가 하루라도 빨리 친구들 속으로 들어가기를 바랍니다. 은둔형 외톨이에서 탈출하는 것은 힘든 일이므로 그만큼 즐거움도 큰 법입니다. 그렇기 때문에 은둔형 외톨이에서 하루속히 벗어나서 다시 태어남으로써 이전의 자신보다도 더 넓은 시야를 지닌 강한 사람이 되어야 합니다. 자신의 가능성을 믿고 다시 태어나는 것입니다.

2000년 자위대가 이라크에 파병되었습니다. 대다수의 국민들은 일본이 점차 군국화되어가는 것은 아닌지 의구심을 품고 있습니다. 그리고 이것과 관련하여 제게 떠오르는 생각은 일본이 이대로 군국화의 길을 밟아서 만약 징병제가 부활한다고 하면, 은둔형 외톨이들은 도대체 어떻게 해야 하는 것인가 하는 점입니다.

물론 징병되면 싫어도 군대에 가야 하므로 집에서 은둔하고 있을 수는 없습니다. 적어도 은둔 상태에서는 벗어나게 됩니다. 또한 만약 징병을 거부하더라도 감옥에 가야 하므로 이것 또한 은둔 상태는 아닙니다.

즉 징병제도가 부활하면, 형태상으로는 은둔형 외톨이가 없어지게 됩니다. 그러나 이것은 형식상의 문제이고, 치료된 것이라고 말할 수는 없습니다. 개인의 가치관과 다양성을 완전히 무시한 결과이고, 은둔형 외톨이에게 스스로 생각하고 고민할 시간도 주지 않고 맹목적으로 국가를 신뢰하도록 강제할 뿐입니다.

자신의 존재에 대해 고민하는 은둔형 외톨이들을 낳는 현재의 일본은, 개인의 다양성을 수용하는 풍부한 토양을 갖고 있는 나라라고 할 수 있을지도 모릅니다. 그러나 한편으로는 개인의 다양화가 은둔형 외톨이의 증가를 초래했을지도 모릅니다. 이것이야말로 하나의 패러독스입니다.

그렇지만 제 자신은 맹목적으로 국가를 믿는 사회보다는 현재처럼 개인의 다양성을 수용 가능한 사회가 훨씬 행복하다고 생각합니다. 자신의 존재를 고민하는 은둔형 외톨이도 자신의 가능성을 믿고, 자신에게 충실해질 수 있도록 현대 사회 속으로 한 걸음씩 나아가기를 바랍니다.

마지막으로 이 책의 완성에 힘을 기울여주신 편집담당자인 노기와쯔 네토시野際恒壽와 시라스 나오미白須直美에게 감사를 드리는 바입니다.

은둔형 외톨이에게도 희망은 있다

은둔형 외톨이, 말 그대로 외톨이 상태로 은둔해 있는 것을 말한다. 참 안타까운 현상이다. 혼자서 쓰라린 마음을 달래면서 이렇게도 저렇게도 할 수 없는 지경에 빠져 있다. 도움을 주려고 해도 거부하고, 아니 자신이 어떻게 도움을 받아야 하는지도 모른다. 때로는 도와주겠다면서 이런 사람 저런 사람이 집을 방문하기도 한다. 부모들은 주위 사람에게 말도 못하고 속만 끓인다. 혹은 말을 꺼내보지만 별로 도움이 안 되는 충고들뿐이다. 데리고 다녀라, 운동을 시켜보라, 잘 달래보라는 등, 누구나 다 아는 뻔한 이야기들을 한다. 누군들 그렇게 안해 보았으랴.

일본에서 은둔형 외톨이가 많다고 한다. 한국에서도 그 수가 점점 늘어나고 있다고 하지만, 정확한 통계는 없다. 2008년 경기도 통계를 보면 초·중·고생 중에서 중간에 학업을 중단한 학생이 약 2만 명 정도 된다. 그 가운데 얼마 정도가 실제로 은둔형 외톨이로 되었는지는 알 수 없다. 아니, 은둔형 외톨이라고 이름 붙일 수 있는 기회조차 갖지 못하고 있다.

역자는 개인 정신과 의원을 운영하고 있다. 간혹 부모들이 자식의 문제로 찾아온다. 영락없는 한국형 은둔형 외톨이이다. 집안에서 아무것도 하지 않고 그냥 처박혀 있다. 어머니에게 폭력을 쓰기도 한다. 욕도 하면서 자신의 상태를 부모 탓으로 돌린다. 거의 외출은 하지 않는다. 컴퓨터에 매달려 시간을 보내기도 하지만, 컴퓨터 중독과는 다르다.

은둔형 외톨이가 병원에 오지 않으니 부모와 상담을 할 수밖에 없다. 상담 시간은 제한되어 있고 의논해야 할 것은 참 많다. 그래서 은둔형 외톨이를 소개할 수 있는 책이 있으면 좋겠다는 생각에 이 책을 번역하게 되었다. 저자는 많은 임상 경험을 바탕으로 좋은 충고를 하고 있다. 결국 이 책을 보게 될 사람은 은둔형 외톨이가 아니라 부모들일 것이다. 많은 도움이 되길 바란다.

일본은 이미 성숙된 사회라고 한다. 성숙되었다는 것이 기본적인 의식주 생활이 충족되고, 정신적인 자발성을 기초로 민주주의 토대가 튼튼히 되어 있다는 것을 의미하는 것이라면 일본은 진정한 의미의 성숙된 사회라고 할 수 없을 것이다. 아마도 단지 먹고 사는 처절한 상황에서 벗어났다는 의미에서 '일본은 성숙된 사회'라고 말하는 것 같다.

일본의 오타쿠 연구에 일가견이 있는 아즈마 히로키東浩紀라는 사람이 있다. 그의 전공은 철학이다. 그는 자신의 저서 《동물

화하는 포스턴 모던》에서 포스트 모던, 오타쿠, 코믹물, 게임, 애니메이션, SF, 피규어Figure 등등의 현상을 하나의 서브 컬처하위문화로 다루고 있다. 은둔형 외톨이는 이런 하위문화와 직접적인 연관을 갖는 것은 아니지만, 일본 사회에서 간접적으로 서로 영향을 받는 요소들로 생각된다. 일본의 모라토리움 현상을 나타내는 것이 아닐까 하는 생각을 역자는 해본다.

일본에서 1990년 후반의 서브 컬처를 연구하는 사회학자인 미야다이 신지宮台眞司는 일본 사회를 다음과 같이 분석하고 있다. "1973년 이후 일본 사회에서는 세대적인 공통성이 사라지고 젊은이 집단은 '섬 우주화'하고 있다. 80년대에 나타난 '신인류'와 '오타쿠'라 불리는 사람들은 그 변화에 대응한 최초의 집단이다. 그리고 신인류와 오타쿠의 행동 원리는 모두 '상징의 교환을 중심으로 한, 깊이를 결여한 커뮤니케이션과 한정된 정보 공간 내부에서 겨우 유지되는 자기상'으로 특징지어진다. 그들이 허구적인 상징의 교환을 중시하는 것은 '전보다 희박해진 커뮤니케이션 전체를 이른바 인위적으로 메우려 하기 때문'이다."

위의 글을 읽으면 한국 사회도 어느 정도 비슷해져가고 있다는 느낌을 지울 수 없다. 입시와 경쟁 위주의 사회, 밥을 굶지는 않아도 되는 사회, 핵가족화, 피상적인 인간관계 등은 상징적인 깊이의 커뮤니케이션을 사라지게 하고 있는 것은 아닐까? 아이덴티티의 상실 속에서 공허한 자아 속으로 사라져가버리는 실존의 모습은 새로운 인류의 모습이 적나라하게 드러나는 사건들이 아닌가 하는 생각을 해본다.

현재 우리나라에서 은둔형 외톨이라는 현상의 현황이 제대로 알려지지 않은 것과 마찬가지로 이에 대한 대책도 사실은 거의 없다. 있다고 해도 행정적이고 관료적인 수준의 전시 행정적인 대처가 아닐까 싶다. 형식적인 긴급지원절차가 있기는 하다. 1388로 전화를 해서 긴급 청소년 상담을 하고, 그 기관과 연결되어 있는 상담사를 소개받고, 경찰이나 병원으로 연락을 하고, 폭력이 발생한 경우 경찰이 개입하는 식의 절차를 밟게 되어 있다. 그러나 실제로 얼마나 이런 절차를 통해서 도움을 진정으로 받고 있는지는 의문스럽다. 통계 숫자가 중요한 것이 아니다. 실제적인 도움을 얼마나 줄 수 있는지, 일선에서 상담을 담당하고 있는 정신과 의사 입장에서 자괴감을 떨치기 어렵다.

그러나 희망을 갖고 진정으로 대처해 나가는 수밖에는 없다. 부모 상담이 필요하면 부모 상담이라도 열심히 하면서, 은둔형 외톨이에게 진정성이 전달되어 은둔 상태에서 조금이라도 빨리 빠져나올 수 있는 가능한 방법을 모색해야 한다. 약물이 필요하면 약물을 사용하고, 친구, 친지, 선생님 등등 가능한 인적·물적 자원 어느 것이든 필요에 따라 적절히 응용하면서 치료해가는 것이 현재로서는 최선의 방법이다.

　은둔형 외톨이로 마음 고생하시는 부모님들께서 혹시 이 책을 접하고 다소의 도움이라도 받으신다면 역자로서는 만족이다. 물론 이 책이 충분한 것은 아니지만 문제해결의 조그마한 창구 역할이라도 했으면 하는 바람이다.

　은둔형 외톨이에 관심을 가지시고 책을 발행해주신 대숲바람의 박효열 사장님께 감사드린다. 또한 마음 고생하시는 부모님들과 은둔형 외톨이 모두에게 희망을 잃지 말고 최선을 다해보자는 격려의 말을 전하고 싶다.

2009년 11월

이성동

- 齊藤環, 《社會的 ひきこもり》, PHP研究所, 1998年

- 狩野力八郎, 近藤直司, 《靑年のひきこもり》, 岩崎學術出版社, 2000年

- 内田千代子, 《ひきこもりカルテ》, 法研, 2001年

- 田中千穂子, 《ひきこもりの家族關係》, 講談社, 2001年

- 藏本信比古, 《ひきこもりと 向きあう》, 金剛出版, 2001年

- 《精神醫療》 no. 22, 〈特輯·ひきこもり〉, 批評社, 2001年

- 精神療法 Vo 1. 26, No.6 《ひきこもりの 精神療法》, 金剛出版, 2000年

- 精神分析研究 43(2), 《特集 ひきこもり》, 日本精神分析學會, 1999年

- 臨床精神醫學 26(9), 《特集 ひきこもりの精神病理》, 國際醫書出版, 1997年

- 高橋三郎·大野裕·染失俊幸 譯, 《DSM-IV 精神疾患の分類と診斷の手引き》, 醫學書院, 1995年

Help
Me!

스타벅스로 간 은둔형 외톨이
- 세상과의 소통을 갈구하는 23명의 이야기

지은이 | 이소베 우시오
옮긴이 | 이성동

초판 1쇄 인쇄 | 2009년 11월 20일
초판 1쇄 발행 | 2009년 11월 27일

펴낸이 | 박효열
펴낸곳 | 대숲바람
등록번호 | 제101-90-40679
주소 | 서울시 마포구 서교동 357-1 서교프라자 320호
전화 | 02)418-0308
팩스 | 02)418-0312
E-mail | futuregood@naver.com

값 13,500원
ISBN 978-89-954305-9-0 03330

※잘못된 책은 바꾸어 드립니다.